全民经典阅读

劳动的力量
——勤奋的印记

唐德群——主编

成都地图出版社
CHENGDU DITU CHUBANSHE

图书在版编目（CIP）数据

劳动的力量：勤奋的印记/唐德群主编 . —— 成都：成都地图出版社有限公司 , 2024.8

ISBN 978-7-5557-2490-2

Ⅰ . ①劳… Ⅱ . ①唐… Ⅲ . ①劳动价值论－研究 Ⅳ . ① F014.3

中国国家版本馆 CIP 数据核字（2024）第 065520 号

劳动的力量——勤奋的印记
LAODONG DE LILIANG——QINFEN DE YINJI

主　　编：唐德群
责任编辑：杨雪梅
封面设计：李　超

出版发行：成都地图出版社有限公司
地　　址：四川省成都市龙泉驿区建设路 2 号
邮政编码：610100

印　　刷：三河市人民印务有限公司
（如发现印装质量问题，影响阅读，请与印刷厂商联系调换）

开　　本：710mm×1000mm　1/16
印　　张：10　　　　　　字　　数：130 千字
版　　次：2024 年 8 月第 1 版
印　　次：2024 年 8 月第 1 次印刷
书　　号：ISBN 978-7-5557-2490-2

定　　价：49.80 元

前　言

　　不良社会风气的影响、激烈的社会竞争、家庭对孩子过高的期望等一系列因素，导致目前社会上有一种轻视劳动、轻视劳动者的风气。这对青少年的教育非常不利。

　　事实上，劳动对青少年的健康成长是必需的。哈佛大学曾对波士顿的 456 名男孩子进行了跟踪调查，了解他们的生活经历和成长过程。在这些孩子进入中年的时候，研究人员对他们的生活进行了分析。结果发现，不管这些人的智力、家境、种族或受教育的程度如何，也不管他们遇到多少困难和挫折，从小参加劳动的人，即使是只在家里做一些简单家务的人，都生活得比没有劳动经验的人更充实、更美满。

　　这表明劳动使人获得一种特殊的能力。面对挫折时，热爱劳动的人更善于以积极的心态去面对。而一个不会劳动的人，会不断自我萎缩，直到失去自我，这样的人是不会幸福的。

　　青少年是未来的主人，是祖国繁荣富强的希望，因此青少年是否健康成长关系到祖国未来的命运如何。

　　在这个背景下，我们编写了本书，目的是培养青少年热爱劳动的观念，懂得劳动对于社会、对于自身的价值。本书的内容主要是名人故事和寓言故事。名人故事给青少年以学习的榜样，寓言故事给青少年以哲理的启示。

　　在编写的过程中，我们对故事进行梳理，分为四个部分：劳动创造财富、实践出真知、劳动者最快乐和勤奋成就事业。希望青少

年朋友们能快乐地阅读本书，并能从中有所感悟，受到启发。

本书认为"劳动"应该包含体力劳动与脑力劳动，具体可以是日常劳动、学习活动、实践活动以及物质产品和精神产品生产活动。

广大的青少年朋友们，请投身于劳动中来吧！因为劳动使我们的双手更灵巧，使我们的心灵更纯洁，使我们的生活更幸福，使我们的未来更美好！

目　录

第三章　劳动者最快乐

第四章　勤奋成就事业

劳动创造财富

第一章

在 2009 年美国《时代周刊》的年度人物评选中，中国工人作为一个整体被评为年度人物亚军。《时代周刊》称，中国经济顺利实现"保八"，这些功劳首先要归功于中国千千万万勤劳坚韧的普通工人。中国工人为世界创造了巨大的财富，赢得了世界范围的尊重。无论是资本主义国家还是社会主义国家，都认可诚实劳动最光荣，通过诚实劳动创造财富也是无可非议的。

高尔基说过："我们世界上最美好的东西，都是由劳动、由人的聪明的手创造出来的。"没有辛勤的劳作，就没有社会财富的积累。本章通过一些故事，告诉我们劳动创造财富，自己动手，方能丰衣足食。

大禹治水

上古时期发生了一次特大洪灾。

洪水泛滥，犹如脱缰的野马，四处奔腾，淹没了平地，冲毁了房屋和庄稼。

为了治服洪水，人们推荐一个叫鲧的人来治水。

鲧治理了几年，但因不了解洪水的特性，而且方法不对，所以没有取得成效。

鲧死的时候，悲伤地叹道："没有治服洪水，我死也不甘心啊！"

鲧的儿子叫禹，他继承父亲的遗志，决心治服洪水，为民造福！

舜得知禹有治水的决心，而且他确实很能干，就对他说："禹，去吧，带领人们去治服洪水！"

禹认真听取别人的意见，总结前人多年治水的经验，决定放弃"堵"的办法，因为"堵"的办法是修筑土坝，截住洪水，结果只会使水越堵越大，最后冲垮土坝。总之，堵住了这一处，冲坏了另一处。

禹对大家说："我们除了'堵'，还要'导'，就是疏导，想办法把水引到大海里去。"

大家听了禹的话，觉得有道理，一致赞同："对呀！就这样干！"

禹率领大家挖沟修渠，把水从高处引向低处，让它向大海的方向流去。

为了百姓能过上平平安安的日子，禹与无数治水的伙伴一样，穿着破旧的麻布衣服干活，不怕苦，也不怕累。天长日久，他的腿被水泡肿了，腿上的汗毛脱光了，双脚的脚趾泡烂了，脚趾甲都掉了。

禹有两次路过自己的家门口，都顾不上回家看看妻子和孩子。

伙伴们劝他说："禹，回家看看吧！"

禹擦擦脸上的汗水，说："前面有好多事急着去做，大水无情，耽误不得，来不及回家了。"

说罢，他回头张望了一下，就带领大家向新的工地走去。

过了几年，禹和治水的伙伴们又一次路过家乡。

伙伴们指着禹的家，说："禹，这次你就回去看看妻儿吧。"

还有人提醒说："禹，你别忘记，你婚后第四天就离开了家。听说你的孩子都长大了，至今还没见过父亲呢！"

禹抬头望望乌云密布的天空，一场大雨即将来临，他想了想说："看，大雨又要来了。治水要紧，我们还是快走吧！"

人们都十分感动，说："禹，难道你不要家了？"

禹笑了笑，说："家，我早晚要回的，但得等到咱们大功告成的时候！"

禹三过家门而不入的事迹传遍了大江南北。这极大地鼓舞了人们治服洪水的信心。

十三年过去了，洪水终于被治服了。

大水退去，田地又出现在人们眼前。禹说："乡亲们，大家再接再厉，重建家园。"

在禹的领导下，人们垦荒耕种，开始了新的生活。

蔡伦改进造纸术

中国是世界上历史悠久的文明古国之一，有很多发明创造，其中造纸术就是一项著名的科学技术成果。

早在几千年前，我们的祖先就创造了文字，但是那个时候还没有纸。纸是我国劳动人民经过长期努力才发明出来的。早期，人们把文字刻在龟甲和兽骨上，或者把文字铸刻在青铜器上。后来，人们又把文字刻在竹简和木简上。再后来，人们又在丝织品上写字画图，这就有了帛书。两汉时期，人们用蚕茧制作丝绵时发现，盛放蚕茧的篾席上，会留下一层薄片，可用于书写。人们还发明了用麻纤维造的麻纸，这是世界上最早的植物纤维纸。但是丝绵纸原料少，成本高，满足不了社会的需求，而麻纸由于当时生产技术上受到很多限制，比较粗糙，且不便书写。怎样发明一种原料来源广、价格又低的纸呢？汉和帝时期，管理宫廷用品的尚方令蔡伦，在总结前人经验的基础上，终于制造出了质量较高的纸张。

蔡伦从小到皇宫去当宦官，担任职务较低的小黄门，后来升为官职较高的中常侍。在做尚方令期间，他因为监督制造宝剑和其他器械，经常和工匠们接触，于是就和他们一起研究并改进造纸方法。他把树皮、麻头、破布和废渔网等原料铡碎，放在水里浸渍相当长的一段时间，再捣烂成浆状物，薄薄地摊在细帘子上，干燥后，帘子上的薄片就变成纸张了。他造的纸体轻质薄，原料好找，价格低廉，可以大量生产，受到人们的欢迎。东汉元兴元年（105年），蔡伦把这个重大的成果报告朝廷，汉和帝通令全国。从此，

劳动的力量
——勤奋的印记

4

他的造纸术很快在全国推广开来。因为蔡伦曾经当过龙亭侯，人们便把他发明的纸叫作"蔡侯纸"。

东汉末年，一位叫左伯的造纸能手将蔡伦的造纸术加以改进，造出来一种厚薄均匀、色彩鲜明的纸，人们称之为"左伯纸"。

我国的造纸术首先传到邻近的朝鲜半岛和日本，8世纪开始传入西亚、北非和欧洲，至19世纪中叶已传遍全世界。造纸术的发明，大大提高了传播科学文化的速度和规模，促进了各国经济和文化的发展。

李春巧造赵州桥

接连几天的滂沱大雨把冬、春两季干涸的洨河灌了个饱，猛涨的洪水呼啸翻滚。多少赶路的人叹口气转身就走了，只有一个小伙子还呆呆地站在雨中。他急着要去看生命垂危的师父，可偏偏让洨河给挡住了去路。等雨停水退赶到城里时，师父已经离开了人世。小伙子抚摸着师父留给他的几架精致的石桥模型，含泪立志：为百姓造福，在洨河上造一座石桥。

这个小伙子是我国隋朝的一个石匠，名叫李春。他为了在洨河上架石桥，决定先摸清洨河的情况。李春徒步半个月，不仅找到了洨河的源头，还沿途考察了洨河的河床，并访问了以前曾试图在洨河上架桥但都失败了的石匠们。在调查研究的基础上，他大胆地提出了"空撞券桥"的设想（桥梁、门窗等建筑物上砌成弧形的部分叫作"券"，券的两肩叫作"撞"）。李春设想在券的两肩造两个小券，而且券都制成小于半圆的一段弧。这种"空撞券桥"的设计，"制造奇特，人不知其所以为"。这样的设计是非常合乎科学原理的。李春考虑到：在洪水季节，洨河水位猛涨，水流量很大，如果把桥的撞砌实了，水流不畅，石桥便可能被洪水冲垮。而不把撞砌实，设计四个小券，涨水时，一部分水就可从小券往下流，这样可使水流畅通，减轻洪水对桥的冲击，保证石桥的安全。按李春的设计造桥，不仅能节约大量石料，还能使整个桥身的重量减少五分之一，桥型也匀称、轻巧和美观。李春的设计表现了他非凡的智慧和创造才能。

开始造桥后，李春组织了大批年轻力壮的石匠凿拱石，他们在每块拱石的两侧凿出规则的细密斜纹，使拱石能拼砌得紧密牢固。李春还大胆地废弃"纵联式"砌桥法，采用"并列式"砌桥法，就是不把桥洞砌成一个整体，而是把二十八道纵向拱券分开砌造。他为什么不采用比较坚固的"纵联式"砌桥法呢？原来"纵联式"砌桥法虽然坚固，但如果有一块石头坏了，整个桥洞就会受到牵动，甚至会全部倒塌，很不容易修补。"并列式"砌桥法则相反，一块石头坏了，只不过是一个窄券坏了，不会牵动全局，修补起来也比较容易。为了使"并列式"砌桥法的桥更加坚固，李春请来手艺高超的铁匠，锻造"腰铁"和"铁拉杆"，把各道窄券的石块连在一起。

隋朝大业末年，赵州桥在洨河上落成了。石桥全长六十多米，宽九米多，中间行车马，两旁走行人，桥旁的石栏上还有许多精美的雕刻。至今，这座桥已经有一千四百多年的历史了，它是全世界现存的最古老的一座石拱桥。这种空撞券桥，直到 14 世纪才出现在欧洲，那就是法国太克河上的赛雷桥。赛雷桥比赵州桥晚七百多年出现，但它却不如赵州桥坚固，而且早已毁坏了。而赵州桥直到中华人民共和国成立时，仍可行车马。

如今，赵州桥是全国重点保护文物之一。党和政府组织了各方面的专家，认真对它进行了查勘和全面修复。专家们还研究了李春的设计，将成果运用到建桥和水利工程上。

李春用他的劳动在我国建筑史上写下了光辉的一页。

毕昇与活字印刷

在闪烁的烛光下，一个人伏在方桌上，专心致志地在一块半寸见方的小木块上刻着字。刻刀划破残夜，远处传来了一声鸡鸣。见他又刻了整整一夜，妻子十分心疼地说："要再这么下去，身子骨非累垮不可。"他头也不抬地回答说："不要紧。这不，三千个常用字都快刻好了。"刻字的这个人是我国北宋时的一个平民，叫毕昇，后来全世界都公认他发明了活字印刷。

三千个常用字刻好后，毕昇带着它们来到邻近的万卷堂书坊，雕刻工们见了这一个个活字，都非常高兴。要是实验成功了，那可比雕版印刷省工省料多了。大伙热情地帮助毕昇摆开字盘，调匀印墨，捧来纸张。毕昇把松香放在围有方格的铁框板上加热，待松香熔化后，他按照文稿从字盘里拣字，依次把活字放进铁框。排完后，将铁框从炉火上取下，冷却的松香把排满的活字紧紧粘接在一起。用过后只要再加热铁框，便可拿下活字重新组排。

刚刚印了几十张，毕昇就发现有的字慢慢变大了，有的笔画也越来越模糊了，原来用来刻字的杉木容易吸水变形。怎样才能找到既能雕刻又不吸水的材料呢？坐在灶前帮妻子烧火的毕昇不住地念叨："不吸水，还可以刻字……"妻子看着他痴呆的样子，笑道：

"你呀，都快中邪了，这不就是不吸水的东西吗？"毕昇霍地站起来问："什么？"妻子指指瓦罐，说："可就是不能在上面刻字。"一句话提醒了毕昇。他想：先用泥坯刻字，然后再进窑煅烧，不就可以制成像瓦罐那样不吸水的活字了吗？

毕昇兴奋得整夜没睡好，第二天一早，就动身到黔首谷窑场去了。他住进窑工的小棚子里，在窑工们的支持下，用胶泥制了十几个半寸见方的刻有字的"小土坯"，随着大盆小罐一起进窑煅烧。熄火后，毕昇兴奋地拿出"泥活字"，虽说一个个乌黑发亮，可有的有小孔，有的有裂缝。"这怎么能行呢？"毕昇叹了一口气。一个十来岁的小帮工见毕昇为此发愁，便从怀里掏出个小泥猴。毕昇接过一看，小泥猴十分精致，轮廓清楚，线条细腻，一条缝、一个孔都没有。当他得知卖泥制玩具的老人住在离窑场二十里外的小山村时，立即动身去寻找。老人被毕昇的诚意所感动，把和泥、制坯、造窑、掌握火候等一整套技术毫无保留地传授给他。

毕昇回到家中，按老人说的，自己搭了一座小窑，又请来万卷堂书坊的雕刻师帮忙，用十几天时间刻成了五千多个字块。毕昇亲自点火烧窑，日夜守候在旁边，一套不吸水、笔画清晰、坚如牛角的泥活字终于制成了。再试印时，毕昇等人一口气印了三百多张，字迹都十分清楚。

活字印刷成功了！它比欧洲的活字印刷术要早约四百年。

黄道婆革新棉纺织业

在我国棉纺织业发展史上，黄道婆的名字非常值得一提。我国

的丝织业素来发达，闻名已久。但是棉纺织业起步较晚，到宋元间才有较大发展。在元代，棉花的种植面积扩大，棉纺织技术也在长江流域和黄河流域广泛传播开来。黄道婆正是在棉纺织业迅速发展的时期出现的革新家。松江地区在元代逐渐成为棉纺织业的中心，这与黄道婆的革新活动是分不开的。

黄道婆大约生活在南宋末年，出生于松江乌泥泾（在今上海徐汇区）的一个贫苦农民家里。她很小就被卖给人家当童养媳，公婆的虐待、丈夫的打骂使她无法生存。有一天，她天不亮就下地，挑灯时才回来，繁重的劳动使她筋疲力尽。她想稍稍喘口气再做饭，可是公婆骂她偷懒，丈夫又劈头盖脸地将她毒打一顿，并把她锁在柴房里。她摸着身上的累累伤痕，悲愤燃烧着她的心。这天深夜，她在墙上挖了一个洞，逃出虎口，悄悄溜进了一艘远洋的海船，躲在船舱底。等到海船驶出吴淞口，她才从舱底爬出。她向船工们诉说自己的悲惨身世，恳求他们救她一条命，把她带到遥远的地方去。船工们都很同情她，于是同意让她随船漂流到崖州（在今海南岛）。

当时的崖州是我国主要的产棉区之一。据记载，那里的黎族"妇人不事蚕桑，惟织吉贝花被、缦布、黎幕"。这里所说的"吉贝"就是棉花。黎族妇女普遍纺得一手好纱，织得一手好布，织出的床单、幕布精美异常。

黄道婆只身流落异乡，朴实好客的黎族人民像对待自己的亲姊妹一样，热情地接待了她。她愉快地与黎族人民一起生活。黄道婆在家乡虽然也会纺纱织布，但黎族人民先进的织棉工具和织棉技术使她大开眼界。在家乡，棉籽是一颗一颗剥下来的，慢而且费力；纺棉花用的是线弦竹弧，"厥功甚艰"。而黎族妇女所用的工具却很轻巧，织出来的布又平又细。黄道婆是个聪慧的女子，又勤学好问，很快就掌握了黎族人民的整套操作技术，还学会了织当地的著名产品——崖州被，成为一个技艺精湛的纺织能手。1295—1297年，黄道婆惜别了与之共同生活了三十多年的黎族人民，带着黎族妇女使用的踏车、椎弓和棉纺技术返回了家乡。这时，元王朝已经统治了中国，统治者要江浙一带每年缴纳十万匹棉布，百姓如牛负重，苦不堪言。黄道婆带来的先进技术和工具对当地人来说真是雪中送炭，棉纺织业的一场重大变革很快在南方兴起。

黄道婆回乡后，一面自织崖州被，一面耐心地向乡亲们传授技术。据《南村辍耕录》记载，她又在吸取黎族人民先进经验的基础上，结合汉族人民的优良传统技术，经过反复实践，创造出一整套"擀、弹、纺、织"的生产工具，对棉纺织工艺也进行了系统的改革。

黄道婆勇于学习、勇于探索、勇于革新的精神，为世人所赞扬。特别是她发明的能同时纺三根线的手工机器，现在看来似乎很简单，但是在那时却是非常了不起的。黄道婆的这项发明比欧洲的"珍妮机"早了约五百年。人们为了纪念她的功绩，给她修了一座祠堂。1957年，人们重修了这位杰出的古代纺织技术革新家的墓地，立了新碑，碑上刻写着她的光辉业绩。

毛泽东开荒种地

抗日战争时期，国民党顽固派在陕甘宁边区周围修筑了五道封锁线，隔断了边区和外界的交通，使边区的经济发展遭遇了很大的困难。为了粉碎国民党顽固派的经济封锁，党中央发出了"自力更

劳动的力量——勤奋的印记

生"的号召，于是一场轰轰烈烈的大生产运动在陕甘宁边区开展起来了。

这天，警卫班的战士们正在毛泽东住的窑洞附近召开生产动员会。会上，战士们个个摩拳擦掌，表示要大干一场，争当生产模范。这热烈的气氛惊动了毛泽东，只见他快步从窑洞里走了出来。

"你们在开生产动员会，这很好嘛！"毛泽东来到战士中间，满面笑容地说，"我们开展生产运动，是为了克服眼前的经济困难，减轻人民的负担，我们可要带好这个头！"

毛泽东双手叉着腰，环顾着两旁的山坡，充满信心地说："杨家岭上的土地足够我们种植瓜果蔬菜了。我们还可以养猪，解决吃肉的问题。假如能再搞一个合作社，那我们大家的日常生活用品也不用发愁了。"说到这儿，毛泽东爽朗地笑了。

战士们被毛泽东这么一说，仿佛看到了满坡菜绿瓜黄的丰收景象，于是更加激动了。大家围在一起出谋划策，商量怎样开荒种地，怎样引水浇田，并决定几天以后正式开工。

到了开工那天，天刚蒙蒙亮，战士们就下地了。战士们经过毛泽东住的窑洞门口，看到里面灯光仍然亮着，大家都知道毛泽东又熬夜了，所以谁也不忍心去叫他。大家蹑手蹑脚地从门口走过，生怕打搅了毛泽东，不料还是被毛泽东听到了。没一会儿工夫，毛泽东自己就找来了，他边走边说："不是说好了给我一块地吗？我的那份在哪儿呢？"

"您考虑革命大事，非常劳累，这开荒种地的小事就不用参加了。您的活，我们加把劲就都完成了。"战士们异口同声地说。

"不行！不行！开荒种地，我不应该例外。"

在毛泽东的一再坚持下，大家只好在临河不远处给他划出了一亩来地。

毛泽东分到地后，对这"争"来的土地十分珍惜，只要一空下来，他就去挖地。战士们发现后，一齐赶来帮忙，毛泽东总是坚持自己完成。他说："你们有你们的生产计划，我有我的生产任务，这块地你们挖了，叫我挖什么呢？别看我的年纪比你们大，我还敢与你们比一比，看谁的地种得好！"

　　此后，毛泽东硬是忙里偷闲，一锄头一锄头地把地挖好，又垒了一个小水坝，将河水引到地里。不久，地里便栽上了黄瓜、辣椒和西红柿。毛泽东又经常利用休息时间施肥、锄草，蔬菜越长越茂盛。

　　一份汗水，一份收获。夏天到了，毛泽东种的西红柿又红又大，辣椒又尖又长，黄瓜沉甸甸地低垂着头，个个顶花戴刺的，真是诱人极了。人们每次走过这里，都禁不住要停下脚步称赞一番。

　　毛泽东亲手开荒种地的消息很快传遍了延河两岸，军民大生产的劲头更足了。

毛泽东学打草鞋

　　秋收起义以后，毛泽东带着队伍上了井冈山。由于国民党反动派的封锁、围剿，队伍在井冈山的生活十分困难。每人每天只有五分钱的菜金，没有盐吃，也没有鞋穿。

　　面对重重困难，毛泽东向红军指战员发出号召："没有粮，我们种；没有菜，我们栽；没有布，我们织；没有鞋，我们自己动手编草鞋！"

　　一天，毛泽东看见半山坡的一间小茅屋前坐着一位白发苍苍的老人。他走近一看，老人正在打草鞋。毛泽东高兴地走上前去。

老人见是毛泽东，赶紧起身打招呼。

毛泽东笑着说："老人家，我来拜你为师啦！"

老人听毛泽东这么一说，好似丈二和尚，摸不着头脑。

毛泽东忙指着老人手中的草鞋说："我向你学打草鞋好不好哇？"

老人用怀疑的眼光望着毛泽东："毛委员，你要穿草鞋，我替你打就是了。"

"不行！我要自己学会！"

"你这样忙，哪有时间学呢？"

"我白天没空，晚上学吧！"毛泽东说。

这天傍晚，毛泽东果然来到了老人的家。他进门就说："老大爷，我学打草鞋来了。"

老人连忙拿出工具和稻草。他一边打，一边讲。毛泽东坐在一旁仔细地听，仔细地看，将每一个步骤、每一个动作都默默记在心里。

不一会儿，一只草鞋打好了。毛泽东拾起地上的稻草，对老人说："让我来试试吧！"说着便接过老人递上的工具。

就这样，毛泽东这双拿过笔、握过枪、指挥过千军万马的大手，又在井冈山上的一间小茅屋里打起草鞋来。他是那么认真，那么专注。他学着老人的样子，细细琢磨着老人讲的每一个要领，有时还问上几句，很快一只草鞋便打成了。

老人看着毛泽东打的草鞋，惊讶地说："毛委员，没想到你的草鞋打得还真不错啊！"

毛泽东学会了打草鞋，又一招一式地教给战士们。大家见毛泽东亲自教他们打草鞋，都学得非常认真。

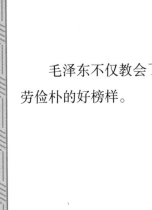

毛泽东不仅教会了战士们打草鞋，而且给战士们树立了一个勤劳俭朴的好榜样。

朱德的扁担

朱德挑粮上坳，粮食绝对可靠；

军民齐心协力，粉碎敌人"会剿"。

这首脍炙人口的歌谣，令人情不自禁地想起那流传已久的朱德的扁担的故事。

1928年4月，朱德、陈毅率领一部分南昌起义和湘南起义的队伍来到井冈山，和毛泽东领导的秋收起义部队胜利会师后，国民党把井冈山革命根据地视为眼中钉、肉中刺，千方百计想拔掉它。国民党在军事上的一、二次"会剿"失败后，又对该地区实行经济封锁，妄图把红军饿死、冻死、困死。为了准备第三次反"会剿"，打破敌人的经济封锁，地方党组织积极动员群众为山上送粮。挑粮上山也成了红军的一项经常性工作。在那段艰苦的日子里，朱德经常亲自带领战士们下山挑粮。

从宁冈茅坪到井冈山上的茨坪有五六十里山路，峰险路陡、坎坎坷坷、弯弯曲曲，十分难走。井冈山军民没有被困难吓倒，运粮队伍不辞艰难地往返于这条洒满血汗的山路，谱写了军民患难与共的动人乐章！1928年冬的一天，天刚蒙蒙亮，朱德又带领部分红军战士和赤卫队员到宁冈龙市挑粮。这天，朱德像往日一样精神饱满，穿着一身灰布军装，背着斗笠，扎着腰带，打着绑腿，穿着草鞋下山去。来到龙市，战士们有的用箩筐担，有的用口袋背；没有工具的战士索性脱下长裤，把裤口扎紧，用粮食装满两条裤腿后往肩上一搭。这样，大家挑的挑、背的背，翻山越坳，穿行在井冈山的蜿蜒山径上。

那年，朱德已经四十多岁了。他头戴斗笠，挑着满满一担粮和年轻的战士们一道走着。大家想：军长晚上忙着思考作战大计，白天还要挑粮，这会累坏他的。他们商量一起到朱德面前"抗议"，劝他少挑些。朱德似乎看穿了大家的心思，说："同志们，今天我们来比赛，看谁最先赶到黄洋界上的大槲树那儿！"一听说比赛，战士们来了劲头，说："好啊！谁先到大槲树，谁就是英雄！"一个战士灵机一动说："朱军长，比赛可以，但有个条件。"朱德问："什么条件？"战士说："你年纪大，不能挑那么多，分给我们一点。"朱德一听，爽朗地笑着说："那可不行！"说着，挑起担子就走了，留下了一阵笑声。

中午时分，队伍在黄洋界上的大槲树下休息。休息时，战士们议论纷纷，商量着不让朱德挑粮的办法。最后，大家叫一个机灵的小战士"偷"走朱德的扁担并藏起来。战士们认为，这样朱德就可以休息了。哪知道朱德砍来一根大毛竹，用柴刀做了一根又大又扎实的扁担，并在扁担上写了"朱德的扁担"五个字。从此，他的扁担再也没人"偷"了。战士们看到朱德大步流星地走在山路上，满脸是汗，军装湿透，扁担压得弯弯的，感动不已。这时，山道上响起一阵阵歌声：

> "同志哥，扁担闪闪亮，朱军长带头挑粮上井冈；井冈兵强马又壮，粮食充足装满仓……"

张大千三赴敦煌，慧眼识珠

国画大师张大千不仅具有多方面的艺术才华，而且有着超人的眼光和勇气。张大千听了朋友关于敦煌莫高窟石窟艺术的介绍后，又查阅了大量有关资料，对石窟壁画艺术产生了极大的兴趣。他强烈地感受到这些壁画的艺术魅力，独具慧眼地发现了敦煌这颗民间艺术的明珠，毅然自筹资金，不顾别人的种种议论，带着几个学生奔赴敦煌，进行实地考察。

西去敦煌，谈何容易。踏上河西走廊的他们，好不容易租来一辆旧敞篷卡车，在大漠黄沙的千余里路程上颠簸了一个多月。进入戈壁滩后，又改骑雇来的骆驼，缓缓而行。一路上，黄沙漫天，狂风呼啸，张大千仍习惯性地观察沿途的一切，无论是沙丘、戈壁，还是偶尔可见的骆驼队，他都不忘叮嘱学生们："这些都是我们画画的好素材。"

到莫高窟的当天晚上，张大千来不及休息，就急切地带上电筒、蜡烛到附近一个大石窟参观，一直察看到深夜。张大千考察的第一项任务就是对石窟进行详细的记录并逐一编号，张大千及其学生花了四五个月的时间，才完成编号工作。如今，张大千的张氏编号已成为国际通用的敦煌莫高窟三大编号之一。在编号和记录的过程中，张大千对各个朝代不同风格的壁画进行了认真的揣摩和分析。佛像的肃穆端庄、菩萨的慈祥可亲、飞天的秀丽活泼、天王的威武雄壮，都深深印在他的脑海里，为日后的临摹打下了基础。

第三次到敦煌的时候，张大千才带领学生们开始进行大规模的临摹工作。在石窟里临摹壁画，和在室内作画大不一样，特别是临摹大幅壁画的上面部分，临画者得一手提着马灯，一手拿着画笔爬上梯子，上下仔细观察壁画，看清一点，然后在画布上画一点，一天里上下梯子的次数难以计算。临摹到壁画的底部时，临画者还得铺着羊毛毡或油布，趴在地上勾线、着色，脖子和手臂经常酸得抬不起来。到了冬天，石窟里冷风逼人，滴水成冰，临摹工作更加艰难。就是在这样的条件下，张大千还时刻不忘叮嘱学生们："要准确把握壁画的神和意，服饰等细处更不可疏忽。"他说，从六朝到元代的壁画、泥塑这里都有，风格各异，内容丰富，可以说这里是绘画、雕塑艺术方面最大的博物馆。

张大千把敦煌壁画当作艺术珍品来看待。因此，当他临摹的壁画在成都展出，有人以"敦煌壁画是水陆道场的工匠画，庸俗不堪入目"等言辞讥讽时，张大千毫不为之所动。他坚信历代工匠们的这些杰作真正具有艺术上的生命力。

朱总司令积肥

抗日战争时期，为了粉碎国民党顽固派的经济封锁，党中央在陕甘宁边区发动了一场轰轰烈烈的大生产运动。

战士们人人分到了"责任田"，个个都想把自己的"责任田"种好。俗话说："庄稼一枝花，全靠肥当家。"于是，积肥成了大伙的热门活儿。

这是一个寒冷的早晨，东方刚有点发白，几名战士就背着粪筐，赶到延河边。这里有灌木丛和零星的草地，牧童常在此放牧，于是这里便成了个拾粪的好地方。果然，河边的草丛、碎石间散落着不少牛粪和马粪。一个战士得意地说："今天我们可是最早来的，这一路上的粪都归我们了。"

忽然，在朦胧的曙光里，大家看到前面有两个人影，一高一矮，他们也在拾粪。

"喂！你们是哪一部分的？怎么腿这么长，跑到我们前面去了？"有位战士用开玩笑的口吻大声喊道。

"我的腿是长一点，个子大嘛，但总比不上你们年轻人眼尖、手灵、脚快呀，你们是全面优秀嘛！"

听着熟悉的四川口音，一位战士惊呼："啊，总司令，是前几天刚给我们讲过课的总司令！"大伙儿跑步迎上去一看，果然是朱德。只见他一手提筐，一手拿铲，正在拾粪。那矮个子是他的警卫员。

"总司令早！"战士们齐声喊道。

"你们比我更早嘛，看！你们都快半筐了，我才一点点呢！"朱德微笑着答道。

有位战士伸手去夺朱德的粪筐，想往他的粪筐里拨点粪。朱德连忙一闪，说："使不得，使不得，那我不成了剥削户了？"说完，大笑起来。又有一位战士说："总司令，您事情多，就不要拾粪了，什么时候需要肥料，我们给您送去。"朱德严肃地说："那怎么行？总司令就不能拾粪吗？我们大家都是农民出身，这些活在家时都干过。这些年忙于打仗，好久没干庄稼活了。现在国民党逼迫我们生产自救，我们就要上下一起来干，同心协力克服困难。再说，这也是积肥和锻炼身体相结合，一举两得嘛！"一番话说得战士们连连点头称是。在朱德的带领下，大伙干得更欢了。

三位老八路和"将军杨"

在山西省武乡县王家峪的村头，有一棵高达三十米的白杨树，大家都亲切地称它为"将军杨"。

关于"将军杨"，有一段动人的故事。

1940年4月，驻扎在武乡东部山区的八路军总部为建设根据地，开展了大规模的植树造林运动。

那天，阳光明媚，风和日暖，当地的老乡和战士们进行植树比赛，看谁种树多，成活率高。大家争先恐后，干得热火朝天。

这时，有一队八路军战士，扛着铁锹和镢头朝河湾走来，走在前面的是三位老八路：朱德总司令、彭德怀副总司令和左权副参谋长。他们穿着和战士一样的灰色粗布军服，袖口、衣边和膝盖上都打了补丁。

大家高兴地向他们打招呼，儿童团员欢呼着把他们围了起来。

三位老八路和大家一起动手，在河边种下了一片白杨。

朱德挑了一棵笔直的杨树苗，对一位战士说："小伙子，给咱选一块地方，栽上这棵小树，好不好？"

"好啊！"小战士指指一片空地说，"朱总司令，就在这儿栽吧！"

朱德立刻挥起镢头刨起坑来。小战士见朱德使用镢头十分顺手，动作很熟练，挖的树坑大小深浅得当，不禁连声说道："想不到，朱总司令种树还真有两下子！"

这时，朱德已经把树苗插进坑里，他又堆上土，用镢头捣结实。

左权从河里提来满满一桶清水，给小树苗轻轻地浇上水。

彭德怀带着几个战士到山坡上割来了带刺的树枝，给小树苗做了一道精致的小篱笆。

树种好了，有人提议给树起个名，于是，"将军杨"这个名字便诞生了。

几十年过去了，"将军杨"长成了一棵参天大树。每当人们看到这棵"将军杨"，便想起三位老八路种树的故事。

劳动的力量
——勤奋的印记

贺龙的"元帅风采"

贺龙在战争年代，身经百战、出生入死，为党和人民立下大功。解放以后，他担任了党和国家的重要领导职务。此时的贺龙虽然地位高了，但仍然以普通劳动者的形象出现在老百姓中间。他那平易近人、热爱劳动的形象，龙潭湖渔场的职工们至今还记得清清楚楚。

1961 年秋天的一个傍晚，渔场的职工们正忙着干活。突然，有人过来亲切地与大家打招呼："同志们好！"大家抬头一看，只见一位身材魁梧、头戴草帽、手提钓鱼竿的老人出现在大家面前，他的脸上还带着微笑。职工中马上有人认出他是贺龙，禁不住高兴地大叫："啊，是贺老总来了！"工人们立刻把贺龙围在了中间。

当时，贺龙担任国务院副总理兼国家体育运动委员会主任。他的办公室离龙潭湖很近，所以他常常在下班后来到渔场旁的河里钓鱼。这一天，他见大家正在劳动，就走上前来与大家打招呼。

贺龙认真询问渔场所属水面有多大，养了多少鱼，湖里的水质怎样，等等。职工们都一一告诉了他。

这时，湖边又来了一些职工，他们为了增加水的肥力，运来了一桶桶稀粪，正准备往水里倒。

贺龙马上迎了上去，大声说道："我来！我来！"

职工们连忙拦住贺龙。"老总，您是来休息的，这粪水又脏又臭，您可别动手啊！"大家异口同声地说道。

贺龙一听，哈哈大笑起来。他爽朗地说道："我不在乎，没有粪水臭，哪有鱼米香呀？"说着，他便挽起袖子，接过职工手中的粪桶，"咕咚"一声将粪水倒入湖里。他一桶接一桶，一口气倒了四大桶。

职工们看着贺龙花白的鬓发和利索的动作，都非常感动。

"这就是元帅的风采，这就是元帅的劳动本色！"职工们起初的那股拘束劲儿早就消散得一干二净，都跟着贺龙热火朝天地干了起来。

南泥湾开荒

1941年，八路军第三五九旅响应党中央和毛主席提出的"自己动手"的号召，开进了南泥湾。这块荒凉的土地一下子活跃起来。

一到南泥湾，战士们就抓紧时间开荒，以便赶上季节按时播种。

这一天，天刚蒙蒙亮，大家就起床了。大伙扛起自己打造的镬头，排着整齐的队伍向荒山进发。一路上歌声此起彼伏，好不热闹。

大家来到指定的地点，这里的荒地上荆棘多，砍掉一丛荆棘，挖掉它的根，要花很长时间。尤其是狼牙刺，一不留神就会戳破衣服，划破脸和手。有一位新战士，在家从未种过地，更没有开过荒，拿工具的方法不对，没多大工夫就满手血泡。可大家的情绪非常高，谁也不叫苦，谁也不肯落后一步。这位新战士也不例外。

七一八团团长陈宗尧亲自担任团部生产小组长，组员有参谋长、警卫员、司号员等八人。

团政委左齐在抗战中失去右臂，不能参加开荒，可他一有空就帮助炊事员烧水做饭，唯恐大家饿着渴着。

中午时分，左齐和炊事班的同志挑着担子送饭来了。

班长伸手向前一指，说："同志们，加把劲，把这块地消灭了再吃饭。"

"好！"话音未落，镢头像雨点一样落地，前面稍微慢一点儿，后面就喊："快点，快点，要挖到你的腿了！"眨眼之间，又一大片土地被开垦出来了。

左齐放下担子大声地招呼战士们："小伙子们，喝口水再干吧！"连喊了几遍，就是没人答应。左齐急了，他只得命令战士们放下镢头，立即吃饭。

战士们狼吞虎咽地吃完了饭，又拿起工具干了起来。

就靠着八路军战士的两只手和一把镢头，荒凉的南泥湾出现了一片新景象，到处是庄稼，遍地是牛羊，成了陕北的"好江南"。

啄木鸟的新房子

小啄木鸟长大了，会飞了。他想：我不能总是和妈妈住在一起，我得自己动手，造一座新房子。

可是，造一座什么样的房子才好呢？他在森林里飞来飞去，想看看别的鸟儿都住什么样的房子。

小啄木鸟飞过一片阔叶林，小小的缝叶莺正在树上筑巢。他那尖尖的小嘴，衔着一根长长的植物纤维，像一根灵巧的针在两片大树叶之间穿来穿去，不一会儿就把两片大树叶缝成了一个袋子。然后，他又在袋子里絮上他从各处拣来的枯叶和绒毛——一座小巧的房子造好了！

缝叶莺对小啄木鸟说："啄木鸟，造一座树叶的房子吧！睡在里面既柔软又暖和，很舒服呢！"

小啄木鸟摇摇头说："不行，不行！我的身体又大又重，哪里能住这么轻巧的房子？"他谢过缝叶莺的好意，振了振翅膀，从阔叶林里飞走了。

小啄木鸟飞到河边，䴙䴘妈妈正在河里筑巢。只见她一会儿飞向芦苇丛中，一会儿又把身体潜入水里。她衔来一片片芦叶，在水面上搭起一座盆形的小房子，又在里面铺上柔软的水草和羽毛——一座舒适的水上房屋造好了。䴙䴘妈妈准备在里面生蛋、孵蛋，养育子女，过幸福的日子。

䴙䴘妈妈对小啄木鸟说："啄木鸟，造一座水上的房子吧！这房子能随着水波荡呀荡，睡在里面像摇篮一样舒服呢！"

小啄木鸟摇摇头说："不行，不行！你们鸬鹚水性好，可我既不会游泳，又不会潜水，如果住在水上，那可太危险啦！"他谢过鸬鹚的好意，振了振翅膀，从河边飞走了。

　　小啄木鸟飞到一棵高大的白杨树上，杜鹃正在树上唱歌。他听说小啄木鸟急着要造新房子，就嘲笑他说："费那个力气做什么？看我，从来不造房子，却总是有房子住！"

　　"那么，你住在哪里呢？"小啄木鸟觉得杜鹃的言论十分奇怪。

　　"哈哈！这就要靠自己找窍门儿啦！我总是占别的鸟的房子，把他们的蛋和雏鸟从窝里推下去，房子就是我的啦！"杜鹃洋洋得意地说，一点也不感到难为情。

　　小啄木鸟觉得这种不劳而获、残害同类的做法实在太可耻了！他不想再理睬杜鹃，毅然地扇扇翅膀，离开了这里。

　　小啄木鸟回到家，对妈妈讲述了自己的见闻。啄木鸟妈妈见孩子为房子的事儿发愁，觉得可笑，她说："傻孩子，这种事情你该早点问问我呀！"

　　啄木鸟妈妈带着小啄木鸟找到一棵枯朽的大树，她说："你学着我的样子，用两爪紧紧地抓住树干，用尾巴稳稳地撑住身子，再把头猛地向前甩，用力啄这儿的树干……"

　　"咚，咚，咚！"只见木屑乱蹦，碎片飞舞，啄木鸟妈妈一会儿就在树干上啄出了一个小洞。

　　小啄木鸟学着妈妈的样子，也在这个洞上用力啄起来。树洞越来越大，越来越大——房子终于造好了！妈妈又让小啄木鸟在树洞里铺上枯草和柳絮。现在，小啄木鸟也有一个温暖舒适的新家啦！

　　小啄木鸟钻进自己的新房子里，伸出小脑袋，快乐地对妈妈说："还是自己动手造的房子最好，住着真舒服啊！"

两棵摇钱树

一户人家有兄弟俩，父母去世后，哥哥只给了弟弟一把锄头，就把弟弟赶出了家门。弟弟拿着锄头，来到一座山上，搭了间草棚，开始了辛勤的劳动。哥哥几乎霸占了所有家产，整日游手好闲、大吃大喝，没过几年，就把家产败光了，成了靠要饭过日子的乞丐。

一天，哥哥走到一座山前，看到半山腰有户人家，便上前敲门，想要点饭充饥，谁知开门的竟是弟弟。哥哥见弟弟生活得相当幸福，便问："你离家时只拿了把锄头，怎么现在有这么多家产？是不是爸妈生前给了你很多钱？"弟弟笑着说："是啊，爸妈给了我两棵摇钱树。"哥哥忙问："摇钱树？在哪儿？"弟弟伸出手说："这就是我的摇钱树。每棵树上五个杈，不长叶子不长芽，只要不怕累和苦，衣食住行都不差。"哥哥得知弟弟的幸福生活来自辛勤的劳动后，羞愧地低下了头。

实践出真知

第二章

有位专家指出，"学习"二字要分开来看，一个是"学"，是指从书本或前人的经验中学；另一个是"习"，就是练习、实习、实践的意思，注重经验的积累。这是一种活的知识积累，因为社会就是一所终身学习的大学。在注重素质教育的今天，社会实践已成为一种培养综合性人才的重要途径。陶铸曾说："劳动是一切知识的源泉。"

当然，"实践出真知"并不是说一个人想要获得科学知识就必须事事经过实践，而是告诫我们，在成长的过程中，需要有这种探索的精神、质疑的精神、求证的精神。本章介绍的是一些人注重实践，最后在自己的学业或事业上有很大提升的故事。

医学祖师扁鹊

扁鹊，本姓秦，名越人，渤海郡鄚（今河北任丘北）人。鄚州有个闻名遐迩的药王庄，那就是他的故乡。

秦越人出生在一个比较清贫的家庭，小时候在一家旅舍专门招待过往的客商。他为人忠厚，态度和气，对客商热情体贴。他二十多岁了，还在这个旅舍工作。

当时的鄚州地处水陆交通要道，过往行人很多，而且这里盛产各种药材。有一位叫作长桑君的民间老医生，每次到鄚州行医采药、访求经验良方，都住在秦越人工作的这个旅舍。长桑君因医术高明，医德又好，所以很有名望。每当这位年过花甲的老医生风尘仆仆地来投宿，秦越人总是像对待自己的亲人一样接待他。有时店里客满，秦越人就把自己的床让给长桑君睡，自己随便找个地方打盹儿。他看到身体瘦弱的长桑君，长年累月背着沉重的药囊，翻山越岭，走千家串万户，风里雨里为人治病，心中十分敬佩。

经过十来年的交往，长桑君觉得秦越人是个诚恳而善良的青年，可以继承他的衣钵，便收秦越人为徒。长桑君给他讲为医的道德，讲巫术的害处，讲诊治的要领，讲切脉的方法，手把手地教他针灸矫按的技术，将一生积累的经验和秘方全部传授给了他。长桑君还特意打开药囊，把草药一样样拿出来，告诉秦越人怎样到深山采药以及怎样出诊，边学习，边实践。秦越人学得非常刻苦，他把长桑君讲授的知识一点一滴地牢牢记在心里。

有一天，长桑君被人接到远处去出诊，却一去未归。长桑君是

第二章 实践出真知

死于颠簸的旅途，还是诸侯争霸的战火？秦越人不得而知。他每天取出长桑君送给他的那块刻有"知物"二字的竹简，耳边总是回响起长桑君的谆谆教导：做一个医生，最重要的是要知道人情物理，要有正确的医德和方法。他严格遵照长桑君的教诲，刻苦钻研，并开始了"负笈行医，周游四方"的"走方医"生涯。

秦越人在齐国行医期间，不断地从自己的医疗实践中总结经验，又不断地吸收民间的医学知识来丰富自己。这样，他不仅完全掌握了长桑君教给他的医术，而且青出于蓝，渐渐超过了长桑君。

几年以后，他离齐南下，到邯郸一带行医。当地人很尊重妇女，但妇科病很普遍。为了解除广大妇女的病痛，秦越人用了几年时间专攻妇科病，终于攻克了这一难关。于是，所到之处，"灵鹊兆喜"，人们干脆称他为"扁鹊先生"。

之后，扁鹊渡黄河到洛阳，看到耳聋、目昏、肢体麻痹等常见病折磨着许多老年人，他又做"耳目痹医"，专攻五官科。数年后，他又沿黄河西进到了咸阳，发现这里儿科病发病率较高，便又根据当地人的这一需要，潜心研究儿科病。

就这样，扁鹊处处以他的老师长桑君为榜样，不辞劳苦，周游列国，治病救人。同时，他"随俗为变"，根据社会的需要，探索和攻克了一道道医学难关。在多年的实践中，他不断学习探求，同各地的同行交流经验，第一个总结出中医望、闻、问、切的诊断方法。

《史记》中记载了扁鹊到齐国行医的故事。在同齐桓侯的交谈中，扁鹊从他的脸色、眼神中，感到有一种病在他身上潜伏着。于是扁鹊直言不讳地说："大王，我觉察到你已经生了病，不过病还浅，在皮肤部位，只要抓紧还可以治好。"齐桓侯不信，说："我感觉很好，一点病也没有。"过了几天，扁鹊再见齐桓侯，发现他的

劳动的力量
——勤奋的印记

脸色更不对了，便诚恳地对他说："你的病已经侵入血脉了，再不治，病情会恶化的。"齐桓侯仍不相信，并显出不高兴的样子，冷冷地说："寡人无疾。"又过了几天，扁鹊见齐桓侯病势更重，十分焦急，郑重地说："你的病已经到了肠胃间，再不医治，就难以挽救了！"齐桓侯这回真生气了，心想：我明明没病，他为何三番五次地吓唬我？于是齐桓侯干脆不理扁鹊了。又隔了几天，扁鹊第四次见到齐桓侯，没说一句话，掉头就走了。齐桓侯觉得奇怪，便派人去问扁鹊。扁鹊说："齐桓侯的病开始在皮肤，用熨贴法可以治；后来在血脉，用针灸可以治；再后来入肠胃，还可以用药酒、汤剂来治疗；现在已侵入骨髓，什么药也无济于事了，所以我只好走开。"扁鹊走后不久，齐桓侯果然发病了，只短短几天便病故了。齐桓侯临死前非常后悔当初没听扁鹊的话，扁鹊也惋惜地摇了摇头。

扁鹊的望诊如此高明，他切诊的准确度更是惊人。有一次，他带着弟子来到虢国，正遇上虢国为太子办丧事，宫内外到处都在举行消灾弭难的祈祷活动。一打听，才知道太子暴病而死，脸如白纸，牙关紧咬，已经半天没有气息，但还没有入殓。扁鹊详尽地询问了病情，认为太子只是假死，还可以抢救。扁鹊给太子仔细地切了脉，果然发现太子还有微弱的脉息和呼吸，大腿内侧也略有体温，便断定太子患的是"尸蹶"症。于是，扁鹊用针刺接近大脑的百会穴，只过片刻，太子便苏醒过来。接着，扁鹊又以"五分之熨"，交替温热药敷，烫熨两侧腋下，加速血液循环，太子随即在别人的搀扶下可以慢慢坐起来了。扁鹊又留下几剂汤药，经过二十天的调治，太子就完全康复了。

扁鹊"起死回生"的故事很快传遍虢国，妇孺皆知，大家都把他当作神仙看待。就连他的弟子们也说："老师，人家都说你是神仙，什么病在你手里都能治好。"扁鹊听了严肃地说："我和我的老师长桑君，都像你们一样，是普通人。我并不能把死人救活，而是病人本来就没有死。我看病，除了切脉，还要看病人的脸色五官，闻病人的声音、气味，问病人的感觉起居，摸病人的寒热部位，把各方面的症状结合起来，才能断定病人得的是什么病，该吃什么药。"扁鹊向弟子们详细地讲解了"望、闻、问、切"的诊治法。两千多年过去了，他的这种诊断法在中医临床上仍在沿用。

扁鹊的名声不胫而走，各国都欢迎他去治病。但是，他所处的时代是一个巫医猖獗的时代，他高明的医术遭到巫医及其信奉者的强烈反对。扁鹊率领弟子一路行医，一路宣传，用铁的事实揭露巫医的骗术。据《战国策》等史书记载，晚年他在秦国与魏国行医时，还广泛地接触了古代哲学——朴素唯物主义思想，这使他更坚定地同巫医们进行斗争。司马迁曾把他的行医原则总结为"六不治"："骄恣不论于理，一不治也；轻身重财，二不治也；衣食不能适，三不治也；阴阳并，藏气不定，四不治也；形羸不能服药，五不治也；信巫不信医，六不治也。"从这里可以明确地看出，扁鹊不仅极端蔑视那些仗权骄横、重财轻命的人，而且对巫医巫术一向深恶痛绝。

扁鹊直至八十多岁高龄仍不辞劳苦，在渭河两岸、关中平原行医。秦武王也早闻扁鹊医术高明，便想请他给自己看病。但是太医令李醯却非常忌妒扁鹊的成就和声誉。他对秦武王说："君王的病，在耳之前，目之下，若让扁鹊来治，有使你耳变聋、眼变瞎的危险。"李醯挖空心思地阻挠扁鹊，同时派出心腹监视扁鹊的动向，在一个漆黑的夜晚，将扁鹊刺杀了。

扁鹊虽然被恶势力杀害了，但人们却永远怀念他。河南、山东、河北、陕西，他当年"负笈行医"的许多地方，都有为他修建的庙宇、刻立的石碑。他留给后人的伟大著作《扁鹊内经》和《外经》，总结了当时的医疗经验和他自己几十年的医疗实践，为我国传统医学奠定了基础。虽然这些著作都已散失，但这位医学先驱的动人故事却代代相传。

陶弘景更正千年讹误

陶弘景（456—536年）字通明，号华阳隐居，丹阳秣陵（今江苏南京）人。他是我国南朝齐梁时期的医学家和道教思想家，齐时官至左卫殿中将军，后隐居茅山。《梁书·陶弘景传》记载："尤明阴阳五行、风角星算、山川地理、方圆产物、医术本草。"他著有《本草经集注》。

陶弘景读书求甚解，不人云亦云。小时候，母亲给他讲过"螟蛉养子"的故事，说的是有一种叫"蜾蠃"的细腰蜂，因为它们只有雄的，没有雌的，于是它们就飞到菜地里，偷偷把一种叫"螟蛉"的虫子衔回家，待螟蛉生出幼子时，蜾蠃便念念有词地说："像我！像我！"不久，螟蛉的儿子果然变得和蜾蠃一模一样，成了它的儿子。事情过去很多年了，弘景成了一个很有学问的人。一次，他和朋友一起读诗，当读到《诗经·小雅·小宛》中的"螟蛉有子，蜾蠃负之"时，他又想起了母亲讲过的故事。恰巧这个朋友也提起这事，于是就问陶弘景："听说你是一部活书，什么都懂，那蜾蠃养螟蛉之子，究竟是怎么回事呀？"陶弘景有心再重复一遍母亲讲的故事，但又怕闹出笑话，只好说："等我查查书再说吧！"

陶弘景查阅了不少书，不论是古是今，书中全都是一个说法。

这可难住了陶弘景，他转而一想：这些书尽是你抄我，我抄你的，查书是查不出结果的，我何不亲自去看个究竟呢？

陶弘景很容易就找到一窝蜾蠃。他用树枝把窝挑开，只见窝里躺着一些蜾蠃衔来的螟蛉，还有一条条小肉虫。正好这时有几只蜾蠃飞回来了，陶弘景仔细观察后发现，蜾蠃也有雌的，还成双飞进飞出。第二天，陶弘景又去看那窝蜾蠃，正巧有一条小肉虫在咬一只螟蛉，那只螟蛉已被它吃掉一半。过了几天，陶弘景再去看时，窝里的螟蛉已被吃光，肉虫都变成了蛹。再过两天，蛹又化成小蜾蠃，扑扑翅膀飞了。

"原来如此！"那吃螟蛉的肉虫就是小蜾蠃，而可怜的螟蛉被当作了"婴儿"的食物。陶弘景通过仔细观察，更正了近千年来的这个讹误。

贾思勰的养羊试验

贾思勰，我国古代的农学家，齐郡益都（治今山东寿光南）人，曾任北魏高阳郡太守，具有广泛的农事知识。他以文献中搜集到的资料和访问老农及自己观察、试验的心得，写成《齐民要术》一书，闻名于世。

贾思勰的家乡很少见到有养羊的。

有一天，贾思勰在房后盖了一个羊圈，圈进去百十只羊，家里人感到很惊讶，就问他："你养这么多只羊干什么？"

"好处多着呢，羊是一种经济价值很高的家畜。羊皮可以御寒，羊毛可以织裘，羊肉可以食用……"贾思勰笑着对家里人说。

"可你知道我们这一带是养不活羊的，以前有不少人家都养过羊，但都没有养活，也弄不清楚是什么原因，也就没有人再提养羊的事了。你不好好读书，却要养羊，这不是自讨苦吃吗？"家里人对贾思勰的做法很不满意。

但贾思勰却有自己的主意。他从小就好动脑筋，喜欢做一些试验，对农牧业的兴趣更大。他对家里人说："黄河流域养羊的确实不多，但也有不少养活的。为什么我们这一带就不能养活羊呢？我就是要试验一下，即便羊死了，我也要找出原因。以前，我们这儿养羊之所以失败，关键就是失去了寻找原因的信心。我坚信，羊一定能在我们这一带生存下去。"

家里人见他信心十足，知道他有一股钻劲儿，也就没有再去阻止他。后来，贾思勰把全部心血都用在房后的那个小羊圈里，专心致志地搞养羊试验。

自从贾思勰盖了羊圈后，百十只羊生长得很好，他的信心更足了。但是，问题也出来了：好不容易打来的草，往羊圈里一倒，一群羊便一哄而上，争相抢夺，结果吃掉的草不多，倒被羊踏烂了不少。有什么办法能解决这个问题呢？贾思勰为这事可犯了愁。

有一天，全家人在闲谈，贾思勰顺口把这个问题讲了出来。大家你一言，我一语，都说应想个办法，不然浪费的草就太多了。这时，贾思勰的一个哥哥走过来对他说："那天我看见你把一车草推到羊圈旁边后，一群羊就围了上来，隔着篱笆从车上抽草吃，而且吃得很起劲。你看能不能想个办法把羊和草隔离开来，这样不就能避免草被羊踏烂了吗？"

贾思勰思忖着哥哥的话，觉得确实很有道理，便对哥哥说："我们可以试一试。"

兄弟俩琢磨了一会儿后，便找来几捆桑树和酸枣树枝，在羊圈

里竖插成一个圆形的栅栏，然后把草倒入栅栏里面。草刚刚倒进去，一群羊就围了上来，一个个从栅栏外面抽草吃。才一会儿工夫，一堆草就被吃光了。

贾思勰拉着哥哥的手高兴地跳起来，说："成功了！成功了！我再也不用发愁了。"

孙思邈与"阿是穴"

1962 年，邮电部发行了一套纪念我国古代科学家的邮票，其中有两枚是纪念唐代医学家，《千金要方》和《千金翼方》两部不朽著作的作者孙思邈的。

孙思邈取得成就的重要原因之一，是不迷信过去医书上的条条框框，重视从生活中学习，从实践中探讨。在行医过程中，他发现得脚气病的往往是富人，而穷人却很少得这种病。这是不是和饮食不同有关系呢？他从分析比较中注意到，穷人的食物中多米糠麦麸，而富人吃的精米白面却把米糠麦麸去得一干二净。他就试着用米糠和麦麸来治脚气病，结果非常理想。于是，他成了世界上第一个记录和治疗脚气病的人。

山区里有许多人得了粗脖子病，孙思邈知道这种病得靠吃海藻来治。可山区里哪有海藻呢？他想到人们常说"吃肝补肝，吃心补心"，这种脖子上的病能不能用羊靥（羊的甲状腺）来治呢？他临床试验了一下，果然有效。今天，我们知道羊甲状腺里含有丰富的碘，所以治粗脖子病有效，可在当时，能想到并做到这一步是很不容易的。

有一次，一个腿疼的病人来求医，孙思邈便给他针灸。他按医书上的穴位扎了几针，都未能止痛。他想，难道除了古人发现的三百六十五个穴位之外，再没有别的穴位了吗？他细心地寻找新的穴位，一面用大拇指轻轻按掐，一面问病人是否感到疼痛，病人一直摇头。最后，当孙思邈的手指按住一点时，病人发出了"啊，是"的喊声。孙思邈就在这一点上扎了一针，结果病人的腿立即不疼了。这种痛点在哪儿就在哪儿针灸的方法，是孙思邈的一大发现。后来，人们把这种随痛点所在而定的穴位叫"阿是穴"。

张璪的秘诀

张璪是唐代有奇才的画家，不仅能"双管齐下"，而且首创了指画。看过他作画的人都惊叹不已。毕宏也是当时的著名画家，他不相信张璪真有那样的才能，于是想亲自去看一看。

一天，毕宏来到张璪家，看见画室的门开着，就悄悄地走了进去，见张璪手握两支画笔同时勾抹，顷刻间两棵松树跃然纸上，一棵生气勃勃，一棵苍老干枯。毕宏禁不住赞叹起来，张璪这才注意到毕宏在旁观看，连忙招呼其入座。毕宏说："听说您除此绝技之外，还能用手指作画，早想一睹为快。不知肯不肯赐教？"张璪是个爽快人，见毕宏看画心切，就说："尊兄不要见笑，愚弟献丑了。"说罢，就用食指蘸墨，画起山石来，一会儿又用小指尖轻轻勾点出几只凌空飞翔的大雁，栩栩如生，妙不可言。毕宏等不得张璪画完，就惊喜地说："贤弟成竹在胸，落墨成画，真乃神笔！不知这精妙的画技是哪家名师所传？"张璪说："外师造化，中得心

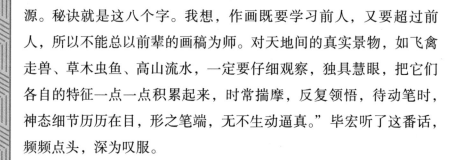

源。秘诀就是这八个字。我想，作画既要学习前人，又要超过前人，所以不能总以前辈的画稿为师。对天地间的真实景物，如飞禽走兽、草木虫鱼、高山流水，一定要仔细观察，独具慧眼，把它们各自的特征一点一点积累起来，时常揣摩，反复领悟，待动笔时，神态细节历历在目，形之笔端，无不生动逼真。"毕宏听了这番话，频频点头，深为叹服。

老农评点《斗牛图》

我国唐朝著名画家戴嵩擅长画山泽水牛，他画的《斗牛图》被宋朝的马正惠收藏。那画上两牛相斗，肌肉绽出，显得刚健有力，十分惹人喜爱。

秋末的一天，风和日丽。马正惠乘闲暇无事，取出这幅珍贵的《斗牛图》，拿到院外晾晒。这时，正好一个交租的老农从这里经过。当看到地上这幅《斗牛图》时，他抿嘴暗笑不止。

马正惠走过去轻蔑地对老农说："喂，老汉，你还懂画吗？"

"我哪里懂呀！"老农退向一旁说。

"那你在这里笑什么？"

"我虽不懂画，但对水田里的耕牛还是熟悉的。"老农接着说，"两牛在角斗时，它们的尾巴都是紧紧地夹在两条大腿之间的，即使大力士也无法将它们分开。可是，这幅图上的两头牛正在角斗，而它们的尾巴却都是竖着的，这种情况事实上是见不到的。"

马正惠听罢，不得不赞叹老农一针见血的点评。他虽然是国画收藏鉴赏家，但还是要拜老农为师。可见，只有实践才能出真知。

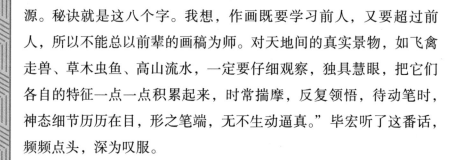

王安石下乡搞调查

　　王安石在青年时期便立志造福于民，他不仅熟读诸子百家之书，而且十分关心民间疾苦。其文章皆切中时弊，见者服其精妙。王安石二十一岁中进士第四名，被派往扬州，成了地方长官韩琦的下属。在扬州任职时，王安石利用闲暇时间广阅博览。每夜读书直到天明，略歇会儿，日已高，急上府，很多时候都来不及盥洗。韩琦疑心王安石于夜间饮酒作乐，就劝说道："你还年轻，不应放弃读书，不要自弃。"过后，韩琦才知错怪了王安石。扬州三年任满，按规定，王安石此时可以要求到朝廷史馆或秘书省任职，以便于升迁。但王安石却要求下调地方，于是调任鄞县（在今浙江宁波）县令。

　　王安石到鄞县后所做的第一件事就是下乡搞调查。在他所写的《鄞县经游记》一文中，记载了这次下乡调查的一些情况。

　　据记载，第一天，王安石轻装简从，爬山涉水，抵达万灵乡左界，途中和当地乡民研究开渠灌溉问题，夜宿慈福院。第二天，登鸡山，亲自察看石工凿石情况，下山后又上育王山，夜宿广利寺。第三天，到灵岩海滨，与当地人士商讨建立排灌渠之入海斗门，以防海潮倒灌，夜宿灵岩旌教院。第四天，抵芦江，看往年决口处，夜宿开善院。第五天，去天童山，夜宿景德寺。第六天微明，就和景德寺长老瑞新一同上山，中午还寺吃饭，当晚乘小舟夜行。天明，抵大梅山保福寺庄就餐。后上山，过五峰，行十多里（约五千米）路，复乘小船抵小溪，已是半夜。天明观新开渠工程，还食普宁院。就这样，王安石用了十多天，跑了十四个乡，对鄞县山川地势、水利设施、民间疾苦，有了实际的了解。为免扰民，王安石一路上尽可能食宿于寺院。

经过这番调查，王安石认为鄞县发展农业生产的关键在于兴修水利。在给上级的一份报告中，他写道："鄞之地邑，跨负江海，水有所去，故人无水忧。而深山长谷之水，四面而出，沟渠浍川，十百相通。"所以，王安石决定，抓住这年丰收的有利时机，利用农闲，在鄞县大修水利工程。全县之民闻令即行，工程进展顺利。

王安石上任第二年，又在鄞县试行了青苗法。春天青黄不接，朝廷对贫苦农民发放贷款，以免他们受高利贷者盘剥之苦，在很大程度上帮助穷人度过了春荒。

有人说，王安石治鄞是他以后变法的预演，这个说法并不过分。著名的"王安石变法"中的许多措施，都可从王安石治鄞时的做法中找到例证。

王安石是中华民族的杰出人物之一。他由于变法活动，被列宁誉为"中国十一世纪的改革家"。

赵友钦勤于实验

赵友钦是元代卓越的科学家，自号缘督，是宋朝宗室的子孙。南宋亡后，他定居龙游鸡鸣山麓。

赵友钦不但读书认真，而且还勤于观察和实验。他在鸡鸣山上筑了一个"观星台"，用来观察天象。为了探索"小孔成像"的科学道理，他进行了规模颇大的科学实验。

赵友钦在家中的地面上挖了两个直径四尺多（一尺约三十三厘米）的圆井，一个深四尺，一个深八尺，井底各放置一块圆板，板上点燃一千多支蜡烛作为光源，井口盖上一块板，板中央穿一个小孔，在楼板下挂一块可以调节高低的板当作屏幕，烛光穿过盖板上的小孔，射到楼板下的屏幕上。赵友钦通过调节屏幕的高低，或改变井口盖板上小孔的大小，或增减烛光，就出现了各种光学现象。他认真地观察、分析这些光学现象，获得了一个结论：孔小，影子像光源的形状；孔大，影子像孔的形状。这个结论是完全正确的。他用实验的方法进行物理研究，比意大利的伽利略还早两三百年。他的"小孔成像"科学实验，就记载在他留下来的唯一著作《革象新书》中。

赵友钦勤于观察，注重实验，对我国古代天文、物理、数学的研究都做出了很多贡献，成为我国历史上著名的科学家。

郭守敬事必躬亲

郭守敬是元代杰出的科学家。他一生重要的科技成就，如大量天文仪器的研制、《授时历》的编制和通惠河的疏浚等，都是他注重实践的结果。

为了巩固封建统治，统治者采取了一系列恢复和发展生产的措施。当时，邢台位居南北要冲，又是北方重要的产粮区。但那里的三条河流，却长年淤塞壅阻，河水经常泛滥成灾。郭守敬担负了主持疏浚河流的任务。

同年，二十一岁的郭守敬不辞辛苦，亲自来到工程现场进行考察。他观察地形地貌，勘测河水流量，探察河流的来龙去脉，并向当地老百姓作调查，了解河水泛滥的时间和规律，询问每年浇地灌溉所需的水量，征求百姓对治水的意见，并向百姓讨教治水的经验。在实地调研考察的基础上，他按照水位、流量和灌溉需要等条件，进行治理设计工作。由于郭守敬前期工作深入细致，对情况了如指掌，制定的方案科学合理，整个治河工程只用了四百个民工，干了四十天就顺利竣工了。然而，郭守敬从开始调查研究到制定实施方案，却用了远远不止四十天。这个工程不但解决了邢州三河的水害问题，而且使附近的农田得到了灌溉之利。几座新桥的建立更使北去燕京的大路畅通无阻，行人不再为跋涉沼泽泥潭而苦恼了。

后来，忽必烈在开平府召见郭守敬。郭守敬向忽必烈介绍了他对华北平原河渠灌溉情况的勘查结果，并针对当时农业生产的具体情况和经济上的需要，提出了六条治理水道的建议。他的建议一目了然、切实可行，还包括详尽的工程方案。忽必烈十分赞赏他的建议，对大臣们说："这样的人可真是个干才，不是那种尸位素餐的酒囊饭袋！"忽必烈当即委任郭守敬为提举诸路河渠，负责经办各地河道水利事务。

1264年，郭守敬又亲临西夏地区，整治古渠。他采用"因旧谋新"的方法，在故道基础上设计规划。这个方法的制定，也是他对古渠考察勘测的结果。他行走数千米，沿渠察看，发现古渠的设计修建大体合理，可以保留原有的框架，在此基础上，增加一些新的支脉，连通和延长一些渠道，即可奏效。郭守敬精打细算，设计出既省时又省力的施工方案。不到一年时间，治理工程就全部完工，几十条河渠四通八达，使河套地区成为鱼米之乡。当地人为了纪念郭守敬的功绩，特意修建了一座生祠，以表达对他的衷心感谢。

施耐庵林中观虎

　　崇山峻岭，古树参天。林中阴森森的，使人觉得毛骨悚然。施耐庵（元末明初小说家）来到一棵大树前看了看，就顺着树干爬上去，坐在树枝上，机警地观察着四周，像是在等待什么。突然，一只梅花鹿"嗖"地从眼前蹿过，紧接着，伴随一声雷鸣般的虎啸，从林中跳出一只斑斓猛虎。一场饿虎扑食和惊鹿逃生的惊心动魄的搏斗，施耐庵看得如痴如呆，直到老虎离去多时，他才从树上蹭下来，又转到别处观虎去了。

　　原来，施耐庵正在构思《水浒传》，为了突出英雄的神威，他计划在作品中多处写打虎的场面。但他自己从来没有见过山中活虎，对老虎的习性和捕食情形，都只是凭传说和想象了解一个大概，更没有见过打虎的场面。他想：这样写作品，怎能表现出老虎的凶猛和英雄打虎的神威呢？为了弥补这个不足，他就到深山里观虎来了，并且找了许多有经验的猎户，了解他们猎虎以及与虎搏斗的情况。所以，后来施耐庵在写到解氏兄弟猎虎、李逵沂岭杀虎、武松景阳冈打虎时，都绘声绘色、形象生动。

徐光启种芜菁

　　一天，徐光启（明代科学家）在一个学生家发现了一种自己没见过的蔬菜，很感兴趣，表示马上要在上海试种。学生的家长告诉他："这菜是一个山东客人送的，名叫芜菁。听说芜菁在南方不能种，在南方种会变成白菜。"

徐光启不太相信这话。他查了《本草图经》和《唐本草》，书中确实都有这种说法。但是，疑问仍然没有在他头脑中消除。

徐光启托那位家长弄了些芜菁种子来，在上海试种。他琢磨后决定将种子分两畦种：一畦像南方人种菜那样，只浇水粪；另一畦则采用北方人的办法，先用充足的干粪做基肥，然后再浇些水粪，并勤松土。

到了收获的季节，只浇水粪的那一畦，菜叶长得很大，根很小，果然有点像白菜；而用干粪做基肥的那一畦，根却长得很大，和山东的芜菁一模一样。芜菁终于能在南方"安家落户"了，徐光启兴奋地对学生说："书是必须读的，读了可以增长知识。但是，我们不能迷信书本。像芜菁变白菜，虽然写在书上，却是道听途说的话，并不可靠。可靠不可靠，一试验就知道。"

徐霞客寻仙记

徐霞客（1587—1641 年）是我国明代著名地理学家。他自幼博览图经地志，后专心从事旅行，备尝艰险，以其观察所得，写成日记。后人把它整理成富有地理学价值和文学价值的《徐霞客游记》。

徐霞客自幼好学。他家后院有一座藏书丰富的"万卷楼"，他常在楼内苦读，甚至通宵达旦。

有一个时期，他读书不加选择，被那些荒诞离奇的武侠鬼怪小说所迷。他相信世上真有呼风唤雨、腾云驾雾的神仙，一心要去寻仙学道。

有一天，他瞒着父母走出家门，直奔北方去寻找仙迹。直到夕阳西下，他也没见到仙人的影子。这时，他已精疲力尽、饥饿难忍，恍恍惚惚地坐在那里休息。这时，一个鹤发童颜的老人拄着拐杖慢步走来。

徐霞客见到老人，真是喜出望外，连忙跪拜道：“仙翁，请收下我这个小徒弟吧！”

老人听后哈哈大笑，说道：“小兄弟，我不是什么仙翁，你认错了吧？”

徐霞客哪里肯信，执拗地跪在地上不肯起来。

老人无奈，只得慢吞吞地说：“小兄弟，我看你求仙心切，就告诉你神仙在哪里吧。他呀，刚刚离此南去，你赶快追，越快越好！”

徐霞客急忙追问：“神仙长什么模样？”

老人捋捋白胡须答道：“他倒穿拖鞋，反穿裙，眼泪汪汪，笑盈盈。”

徐霞客听罢，跪谢后便立即起身掉头，向南追去。他不知跑了多久，一直未见到仙人的踪影，却不觉已回到自家门前。

他垂头丧气地敲门，门开了，站在眼前的是他母亲，其模样竟同老人讲的一模一样，这让徐霞客大吃一惊。

原来这是老人使的一计。徐霞客掉头南追正好回到家中。母亲听到儿子敲门，急忙去开门，因此鞋子和裙子都穿反了。

徐霞客这才恍然大悟，深悔自己上了那些荒诞小说的当，从此毅然把注意力转向刻苦攻读古今图经地志上。

徐霞客二十一岁开始出游，到祖国四方实地考察。他风餐露宿，千里跋涉，很少骑马、坐船，有时亲自背上行李赶路。他自己写道："不避风雨，不惮虎狼，不计程期，不求伴侣。"

他一生游历名山大川，研究祖国壮丽的水文地貌，坚持写日记，积累了大量有价值的资料，成为我国历史上著名的地理学家。

顾炎武旅行治学

顾炎武是我国著名学者。他具有强烈的爱国主义思想，"天下兴亡，匹夫有责"就是他的一句名言。

他生活在明末清初。当时，阶级矛盾和民族矛盾都很尖锐，年轻的顾炎武对此忧心如焚。他意识到自己对国家和人民应负的责任，于是一边和好友们操练刀枪棍棒等作战武器，一边刻苦地练习骑术。有时他被烈马一连摔落几次，即使肩背负伤，也仍然坚持练习，终于使骑术精进了不少。

后来，顾炎武参加了家乡江苏昆山一带的抗清斗争。失败之后，他并没有意志消沉，而是开始了旅行治学。

他的旅行治学，并不是简单的游山玩水或为学术而学术，而是在特殊情况下，抱着"纪政事，察民隐"的目的，寻求经世致用的有补于国计民生的道理。他到过河北、山西、陕西和山东等地，一年之中，有一半时间是住宿在旅店的。定居北京后，他仍然继续活动，足迹遍布北京郊区。顾炎武不肯乘车或骑马出行，他牵的两头大骡子驮满了图书资料。每到一处，他就把实地考察结果和书本上的记载对照参看，进行科学而又详细的记录。他写的《京东考古录》《昌平山水记》等书，就是他丰硕的治学成果。

44

宋应星著《天工开物》

明朝末年，江西分宜县的一个教谕（县学学官）正在全力以赴从事一部中国古代百科全书式的科学著作——《天工开物》的编写工作。在科举盛行的时代，他心无旁骛，摆脱名缰利锁的羁绊，置身于一间简陋的茅屋之中，进行工农业生产技术的研讨，日夜挥毫，伏案疾书，写呀、画呀、改呀、抄呀，在祖国科学发展的道路上辛勤地耕耘着。他就是宋应星。

宋应星，字长庚，江西奉新县人，生于 1587 年。他自幼聪明好学，酷爱科技，在青年时代，读了很多书，并对全国各地的生产技术进行了深入而广泛的调查研究。1637 年，宋应星在好友涂伯聚的资助下刻印出版《天工开物》。这部书对我国劳动人民的生产实践经验作了科学的概括和全面的总结，并附有大量精美的插图。全书内容十分丰富，共三编，分为乃粒、乃服、彰施、粹精、作咸、甘嗜、陶埏、冶铸、舟车、锤锻、燔石、膏液、杀青、五金、佳兵、丹青、曲蘖、珠玉十八个项目，几乎包括了当时所有农业、手工业生产的各个方面。而且书中对每个方面的原料品种、生产操作过程、产品产量等科学技术问题都作了认真的研究和详细的记述。

《天工开物》对农业的记载全面且详尽，对选种、育种、耕作、土壤、肥料、水利都作了介绍。关于水稻，书中提到的就有粳稻、糯稻、香稻、旱稻等；关于麦类，除记述了大麦、小麦等的育种方法外，还指出"荞麦实非麦类"；关于油料作物，共列举了十六种。书中还记述了全国各地的生产经验，如冷浸田使用"骨灰蘸秧根"，合理使用磷肥；"种性随水土而分"，改良农作物品种；蚕蛾杂交而出"佳种"……这说明我国当时农副业生产已经很先进。

《天工开物》对我国手工业的记载，涉及的范围十分广泛。如纺织工业方面的提花织机，结构合理、操作灵便，是当时世界上最先进、最精巧的纺织机械。又如冶金工业方面的把生铁水直接灌注入熟铁的"灌钢"法，为世界冶炼技术的发展做出了巨大贡献。另外，书中还记载了其他先进的生产工艺，如失蜡铸造工艺、砂型铸造工艺、船舶和车辆的制造工艺等。

《天工开物》在讲到种田、做工、使用工具、工效大小时，很注重用数据来说明问题。如讲稻秧栽种面积和生长时间，书中说"凡秧田一亩所生秧，供移栽二十五亩。凡秧既分栽后，早者七十日即收获，最迟者历夏及冬二百日方收获"；讲水利，说龙骨车"车身长者二丈，短者半之"；讲机械，说"凡花机通身度长一丈六尺，隆老花楼，中托衢盘，下垂衢脚。对花楼下掘坑二尺许，以藏衢脚"；讲养蚕，说蚕蛹变蛾，要经十天左右，一只雌蛾能产卵二百余粒。宋应星在三百多年前已认识到数据的重要性，能用科学数据说明事物的构造和状态，这是很难得的。

《天工开物》附有一百多幅精美插图。所画的生产工具图，比例恰当、立体感强，照着图样，就可以制造出工具。书中画的提花织机、轧蔗车、阶梯式瓷窑、大型浇铸锤锻千斤锚等，是世界上较早的科技图录资料。

宋应星的《天工开物》在1637年刻印出版后，不久后重版。它的内容被清代的《古今图书集成》《授时通考》《植物名实图考》等重要著作所引述。因为它的第一版是在明崇祯年间刻成的，所以叫崇祯十年原刻本，是极为珍贵的版本，曾一度失传。1952年，在党和人民政府的协助下，北京图书馆才得到一部完整无缺的原刻本。这部内容丰富、经历不凡的奇书，先后被译为日、德、法等多种文字，在国外受到重视。有外国学者认为，它是"作为展望在悠久的历史过程中发展起来的中国技术全貌的书籍"。英国李约瑟博士称宋应星为"中国的狄德罗"，把他同法国的第一部《百科全书》的主编狄德罗相提并论，高度评价了宋应星所做出的卓越贡献。在顺治年间，这位科坛巨人逝世，葬于奉新县戴家园。

李渔探求褐衣之谜

　　清天命年间，在南方的一个小书馆里，一位老先生正摇头晃脑地讲课，几个天真幼稚的学生正睁大眼睛，认真听讲，李渔就是其中一个。先生讲的是《孟子》中的一段，只听他说道："《孟子》中'虽褐宽博'一句怎样解释呢？宋朝的朱熹说，'褐，就是贫贱人穿的衣服；宽博，就是又肥又长'。"听到这里，李渔心里犯了嘀咕。他想：既然说褐衣是贫贱人的衣服，那么就应该做得短一点、瘦一点，尽量省点布，为什么反倒做得又宽又大呢？这不是互相矛盾吗？他百思不解，于是就壮着胆子走到先生面前求教。这位先生是个老学究，他一听李渔提出的问题，一时不知如何回答，然而又要保住自己的面子，于是就装模作样地训斥李渔道："朱子的话还会错吗？你下去好好念就是了，不准再胡思乱想！"李渔见先生动了气，只好默默退回座位。可这个问题却一直留在他的脑子里。

　　事隔多年，李渔已成为赫赫有名的戏曲家了，他的视野也开阔了。有一次，他来到塞外，那里呈现出"天苍苍，野茫茫，风吹草低见牛羊"的景象。再看当地人的衣着打扮，人人衣褐，又宽又长，他又联想起童年时代的问题，于是就向当地人求教："为什么你们的衣服都做得这样宽大呢？"人们回答说："我们都是以放牧为生，自织牛羊之毛为衣，异常艰辛。这件衣服有多种用途，白天身上穿，夜间当被盖，不宽不能裹身，不长不能覆脚，里里外外就此一件。"李渔这才恍然大悟，说："褐，贱者之服；宽博，肥大之意。"

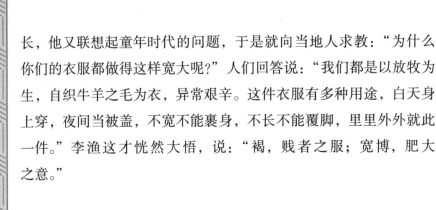

王贞仪"雄心胜丈夫"

清代有个女天文学家，名叫王贞仪，字德卿，江宁（今江苏南京）人。她是我国科技史上的一颗明珠。

王贞仪从小酷爱学习，她不仅有钻劲，而且有韧劲，碰到什么问题，不弄懂决不罢休。她虽深居闺阁，但却胸怀宽广，壮志凌云，严于律己，刻苦治学。在十几岁的时候，王贞仪就对天文学产生了浓厚的兴趣。她不顾夏日的酷暑，也不顾冬日的严寒，坚持观察天象，记录风云的流动、星座的变幻、气温的升降以及湿度的高低。由于长年观测，她积累了许多一手天文资料，具备了丰富的气象知识，较系统地掌握了四季气候变化的规律，对某些地区，特别是她家乡的气象预测，准确率达到惊人的程度。

王贞仪既重视书本理论，又很注重实践活动。有时，为了验证书本中的理论，她在自己的家里，因陋就简，创造条件，进行一项又一项科学实验活动。为了验证望月和月食的关系，对月食作出正确的解释，她反复实验，常在农历十五日的晚上，在花园亭子的正中放一张圆桌当地球，在亭中梁上用绳子垂系一盏灯当太阳，在桌旁放上大圆镜当月亮。她一次又一次摆置、挪动、转移三者的方位，一次又一次地仰望明月星汉，焦思苦虑，反复琢磨，终于写出了很有价值的天文论著《月食解》。

特别可贵的是，王贞仪还提出，地球所处的位置是在四面皆天的空间，地球上任何地方的任何人所站的都是地，头顶的都是天；对宇宙空间来说，没有上、下、正、偏的区别。王贞仪的这个相对空间的理论，在当时是一个很有价值的科学发现，澄清了人们对地球的错误认识。

"人生学何穷，当知寸阴宝。"这是王贞仪的治学经验之谈。她走遍大江南北、塞外关内。在旅途跋涉中，她也从不放松学习和考察。她曾写下"足行万里书万卷，尝拟雄心胜丈夫"的著名诗句。但是，在"往往论学术，断不重女子"的封建社会，她的凌云壮志和真才实学却毫无施展的机会。

王贞仪善诗会画、才华出众。除天文、气象外，她在地理、数学和医学等多方面均有研究。她只活了二十九岁，却在短短的一生中写下了文学著作《德风亭初集》，以及《星象图释》《筹算易知》《历算简存》等十多种科学论著。她还对别人的一些天文论著提出新的见解。不幸的是，她的科学成就在当时没有受到人们的重视，甚至连她的亲属也不能理解她。王贞仪临终时，只得把自己的书稿转交给一位女友保藏。

王清任检尸纠错

王清任（1768—1831 年）是清代的医学家。他二十岁开始行医，是富有创见、敢于"改错"的医学家。

王清任认为，要认识人体的构造，就应解剖尸体，进行实际观察。但是，在中国封建社会，历来认为"身体发肤，受之父母"，如果解剖人体，将会背负"大逆不道"的罪名。因此，多少年来，人们就根据自己的想象描绘人体构造，难免出现很多错误。

有一年，疫病流行，许多孩子被夺去了生命。王清任出诊时，见到不少穷人的孩子死后被草席裹着扔在野地里，有的被野狗咬破肚皮，露出内脏。王清任冒着被感染的危险，一连十多天，在坟场、野地观察尸体的内脏。这下他发现了古书上不少错误之处。比如，古书上说左肾是肾，右肾是"命门"。然而，王清任经过观察发现，右肾和左肾是一样的，并不是"命门"。又如，古书上说气管和心脏是相连的，肺有二十四个气孔等，这些都被王清任一一纠正过来。他说："著书不明脏腑，岂不是痴人说梦！"

王清任不仅经常到坟冢间观察小儿残尸，而且经常去刑场检视尸体脏器结构。他花了四十二年时间，写成了很有价值的《医林改错》。书中附有二十五幅插图，其中十二幅是根据古书上对人体的看法画成的，而十三幅是根据他自己的实地调查画成的。这些图相互对照，纠正了古代医书记载脏器结构及功能上的某些错误。

王清任注重实践，治学严谨。他以自己的行动表明，实践是辨别理论真伪的试金石。

鲁迅写阿 Q 赌钱

"咳，开啦里格……天门啦，角回啦，人和穿堂空在那里啦，

劳动的力量
——勤奋的印记

啥人的铜钱拿过来咧……"

这怪腔怪调的声音从鲁迅的屋子里传出来，人们不禁吃了一惊：先生是从来都不赌钱的呀，怎么今天忽然和赌钱的混在一起了？

原来鲁迅正在写《阿Q正传》，当写到阿Q赌钱这一段时写不下去了，因为鲁迅是不会赌钱的，他简直无法描写这个情节。怎么办呢？鲁迅找来了一个名叫王鹤照的人，此人对绍兴戏和平民生活非常熟悉。王鹤照将押牌宝和推牌九的方法以及赌钱时的情景绘声绘色地讲给鲁迅听，并且还得意地哼起了赌钱时唱的歌曲。

鲁迅像听老师讲课的学生一样，仔细地听着，认真地记录着。再次着手写作时，他就把这些亲自调查得来的素材都写进了作品里。于是，阿Q赌钱时生动的场面就呈现在了读者面前。

陶行知教学做合一

伟大的人民教育家陶行知，1891年10月18日生于安徽省歙县西乡黄潭源村。1910年，陶行知入南京金陵大学学习，毕业后赴美留学，1917年回国，就任于南京高等师范学校。

教授的头衔、优裕的生活在等着他，然而，陶行知对这些并不感兴趣，因为他是抱着改造中国教育的宏愿回来的。陶行知考察了中国的各级教育，针对教师只会捧着书本教学，要求学生死记硬背的现状，提出改革传统的教学方法。尽管遭到保守势力的反对，陶行知还是没有放弃。当年，五四运动掀起，在新浪潮的冲击下，南京高等师范学校开设的各科，一律将"教授法"改为"教学法"。后来，陶行知把"教学合一"的主张进一步发展为"教学做合一"。

1927年，陶行知创办试验乡村师范学校（即晓庄学校），校址选在南京郊外的小庄。陶行知将此"小庄"改名"晓庄"，意为该校创办如日出破晓。晓庄学校刚开办时一无所有，陶行知便带领师生用自己的双手建设校园。渐渐地，一座座茅草屋建起来了，研究室、图书馆、大礼堂等一应俱全。

晓庄学校师范部办有三所中心小学，校长、教师由师范生轮流担任，这样做既锻炼了晓庄学校的学生，又普及了一个地区的乡村小学教育。此外，师范部还办有几所中心幼稚园和乡村医院、民众学校，组织师范生轮流去讲时事、讲故事，进行群众教育。

晓庄学校从开办之日起，陶行知即支持学生参加政治活动。晓庄学校开学后不久，北伐军攻入南京，晓庄学校的学生协助农民组织农民协会，开展打击封建地主的革命活动。1930年，晓庄学校的学生参加了"四五"反帝游行，声援"四三"惨案，学校因此被国民政府强行封闭，陶行知也因遭到通缉而被迫流亡日本。

晓庄学校结合生产实际和社会实践进行教学，冲破了学校关门教学的教育传统，对半殖民地半封建社会的教育是一个巨大的冲击。晓庄学校因而成为中国乡村师范教育的一盏明灯。

陶行知在教育思想上有创见，在办学上有贡献，培养了不少革命干部和教育工作者。他始终站在人民的立场上，为民主革命和教育事业鞠躬尽瘁，死而后已。

蔡希陶与大自然血肉相连

"你——就是蔡希陶吗?"鲁迅上下打量着他说,"我刚看了你的一篇小说,写得很有气势,没想到你是这么个小伙子!"是啊,命运之神差点让蔡希陶当上作家。但是,当他在北平静生生物调查所谋到一份工作,并听说我国丰富的植物标本不断被帝国主义列强掠夺时,他痛心得再也坐不住了。他发誓:"我们得有志气,把中国植物学的事业担当起来!"

中国有着丰富的植物资源,其中云南的植物资源最丰富。蔡希陶深入条件艰苦的云南,进行野外调查,采集了一万多号标本。蔡希陶不觉已和大自然结下不解之缘,他吃野菜就能生活,以山洞树林为家。他不仅和植物打交道,和动物也有了默契,他和整个大自然血肉相连了。

1955 年,两位客人来到中国科学院植物研究所昆明工作站打听蔡希陶,工作人员一看,两位客人竟是周恩来总理和陈毅元帅。工作人员激动得鼓起掌来,说:"蔡所长到西双版纳去了!"周总理很感动:"唔,到原始森林里去了。"中华人民共和国成立后,蔡希陶接受了一个光荣而艰巨的任务——为祖国寻找橡胶树,因为国家迫切需要橡胶。他率领调查队,一路餐风饮露,冒着在国境线上被袭击的危险,历尽千辛万苦,终于在瑞丽找到了两棵巴西三叶橡胶树。后来,一座芽接于实生苗的橡胶林在允景洪热带作物研究所的植物园中开始种植,且很快繁茂起来。现在,中国已进入世界产胶国的前列。

蔡希陶为什么要离开昆明那银桦闪闪的美丽城市，抛弃舒适愉快的物质生活，跑到莽苍苍的原始森林去呢？再说，他找到的植物标本足以满足他后半辈子的科学研究，何苦还继续跋涉呢？蔡希陶自有他的宏图大志。他始终牢记周总理的指示："要把西双版纳森林里的野生之材，变为家生之材；要把无用之材，变为有用之材；要把外国之材，变为中国之材。"蔡希陶以及他培养的学生经过几十年的刻苦研究，初步掌握了采取人工群落结构方式，进行合理开垦、充分改造和利用热带雨林的一系列有价值的科学规律。

齐白石不胡画未见之物

画家齐白石曾经说过："为万虫写照，为百鸟传神，只有鳞虫中之龙，未曾见过，不能大胆敢为也。"这段话表明齐白石严肃认真、一丝不苟的创作态度。齐白石善画花、鸟、果、虫之类，在他的笔下，这些生物无不生气勃勃、惟妙惟肖。他总是在生活中细心观察所画的对象，天长日久，就对自然界的小生命都产生了浓厚的感情。他自己养虫、养鸟、养鱼，还种植花卉果木，时时观察它们的特点，这样拿笔作画，就能用经济的笔墨把所画的对象画得形神皆似。对于不熟悉的东西，他是不画的。

一次，作家老舍请齐白石以"芭蕉叶卷抱秋花"为题创作一幅画。当时齐白石年纪已经很大了，年老体衰，记不得芭蕉叶新拔是向左还是向右卷着，北京又没有多少芭蕉叶可供观察，于是齐白石直率地对老舍说："只好不要卷叶了，不能胡乱画呀！"老舍听了也不勉强，因为他了解齐白石一丝不苟的创作态度。

毛泽东到实践中探寻真理

毛泽东在学生时代就特别注重深入社会实践。在湖南第一师范学校求学期间，毛泽东非常好学，而且讲究实践，不但善于读"死"书，还善于读"活"书，读"社会"这本书。1918年，他邀同窗好友蔡和森游历了浏阳、湘阴、岳阳几县。途中，他们风餐露宿，与农民交谈、劳动，了解地主的剥削和贫农的痛苦。毛泽东将掌握的一手材料写成文章寄给《湖南通俗日报》，用深刻又流畅的文笔揭露社会中的丑恶现象。毛泽东对中国农村的实地考察，更坚定了他改造中国社会的信念。

毛泽东十分注重在实践中锻炼自己的组织能力和办事能力。他曾负责校学友会（原名"学生自治会"）的领导工作，或作文牍，或作总务（即总干事），并兼任教育研究部部长。在任学友会总务时，学友会工作开展得非常活跃，经常召开成绩展览会、体育运动会、自由演讲辩论会以及各种专门问题的学术研究会，引导学生刻苦钻研学问和锻炼体魄，做到强毅有为。学友会的工作，使他组织群众的才能得到了充分发挥。

毛泽东一贯同情和热爱劳动者，痛恨工农不能求学的不合理现象。1917年，他满腔热情地主办工人夜校，亲自教课，筹划有关办学的大小事宜。通过办夜校，他取得了联系工人的初步经验，同工人阶级建立了最初的感情。

1918年4月，他和一批志同道合的朋友正式成立了对湖南甚至整个中国的命运影响很大的革命团体——新民学会。1918年6月，他从湖南第一师范学校毕业。受十月革命的影响，"向西方国家寻找真理"成为那时许多青年向往的事情。毛泽东等人在湖南发起了留法勤工俭学活动，为中国革命储备了一批干部。但毛泽东觉得中国有许多事情需要进行深入的研究、调查，因此他决定不出国，根据国内现实情况探索救国救民的道路。

刘少奇来到山东老区

1942 年春，刘少奇从淮海区党委驻地启程，到山东抗日根据地老区去。经过两天两夜的急行军，强行通过了敌人的封锁线，终于到达了山东老区的一个边沿小镇。这时，一行人都已疲惫不堪，有的人一坐下来就睡着了。可是刘少奇只是稍稍休息了一会儿，就向镇上走去。

这是刘少奇的习惯，他每到一地，总要先观察当地的形势，并尽可能了解更多的情况。当走到街上张贴的一条"积极进行减租减息工作"的标语旁边时，刘少奇收住了脚步，自言自语道："这里的减租减息不知搞得怎样了？"

于是，刘少奇就有意靠近街上的老乡们，并和老乡们攀谈起来："日本鬼子和皇协军常来你们这儿吗？你们生活过得咋样？"

刘少奇与老乡谈了许多，但他对这个地区的减租减息运动究竟开展得怎样还是没有底。于是，他对随行的同志说："关于这地方的减租减息情况和老乡们的反应，要进一步考察。毛主席随时随地都注意了解情况，掌握情况，研究情况，发现问题，提出解决问题的正确办法。大家都应好好学着这样做。"

之后，刘少奇又从领导到群众，认真详细地做了一系列调查研究工作，根据山东老区的实际情况，提出了一个改进工作的方案。刘少奇在这里虽然只待了短短四个月，但该地区不仅减租减息运动有了很大进展，而且整个山东地区的工作都起了根本性的变化。

刘伯承亲自测水深

1947年，刘邓大军千里跃进大别山的途中，来到淮河岸边。在渡河之前，上游突然涨水，全军只有十来只小木船，而敌人有十九个旅从后面追来，河那边还有敌军在堵截，情况十分危急。

刘伯承来到岸边某旅指挥所，向旅政委提了一连串问题："河水真的不能徒涉吗？河水到处都一样深吗？"旅政委肯定地回答说："到处都一样深，不能徒涉。"刘伯承沉思了一会儿，来到岸边，手拿一根很长的竹竿，登上了小船，亲自测量起水的深度来。只见他在船上随着汹涌澎湃的浊浪一上一下地跳跃着。经过实地调查，他发现好多地方河水不大深，可以架桥，于是马上在船上写了一纸短信："河水不深，流速甚缓，速告李参谋长架桥。"信发走后，刘伯承用竹竿在地上重重地点着，对旅政委说："粗枝大叶就要害死人！"他还说："越是到紧要关头，领导干部越是要亲自侦察。"

刘伯承走后，旅政委发现有人从河上游徒涉过来，便马上写信把这个好消息告诉刘伯承。谁知信刚写好，刘伯承又来信说他亲眼看见上游有人牵马徒涉，要立即转告李参谋长不要架桥了，叫部队迅速徒涉。原来，在看到可以架桥之后，刘伯承还不放心，就继续进行调查研究。于是，部队按他的指示，很快开始徒涉，胜利地渡过了淮河。

刘少奇解开"落星之谜"

　　鄱阳湖落星湾中有一巨石，叫落星石，相传是从天上坠入湖中的一颗流星。因此，千百年来，湖区的人们一直认为"今日湖中石，当年天上星"。究竟巨石是"星"与否，由于无人考证，便成了一个不解之谜。

　　1959年8月，刘少奇趁庐山会议休会的机会，在江西省委负责人方志纯的陪同下，到山南的星子县视察。下山路上，刘少奇问："星子县县名是怎么来的？"方志纯回答说："据说，很久以前，天上掉了一块石头到县城旁边的湖里，所以叫星子县。"刘少奇听了，饶有兴趣地问道："是天上掉下来的石头，那就是陨石啰。这块石头还在不在？"方志纯答道："在，就在县城的湖里。"刘少奇兴致勃勃地说："去看看！"

　　傍晚时，刘少奇和方志纯等人来到落星湾边。刘少奇望着那块落星石，惊诧地说："不一定是陨石吧？哪有这样大的陨石？如果真是陨石，那在世界上都是少有的呢！"

　　刘少奇知道陨石有着极大的科研价值，回到北京后便通知有关单位派人到落星湾进行科学考察。结果证明巨石不是陨石，而是庐山第四纪冰川的遗迹。千百年来的"落星之谜"终于解开了。

劳动的力量
——勤奋的印记

李四光证明地应力存在

在地震科研工作中，关于地壳是否真的存在地应力，并且是否直接受到地应力的影响这个问题，众说纷纭，莫衷一是。年近八旬的李四光（地质学家，1889—1971 年）认为，只有通过实验才能说明问题，这是一个科学工作者最基本的态度和方法。于是，他顾不得体弱病重，也不管天寒地冻，就领着助手们到京郊房山去了。

做实验的机器开动了，李四光精神抖擞地跨上前，握住了冰冷的铁把手。

助手们赶忙劝阻说："李部长，风沙太大，铁把手很凉，您的身体会吃不消的，快让我们来吧，您在旁边指挥就行了！"

李四光微笑着拒绝了。他一直用力攥住加力铁把手，屏住呼吸，全神贯注地感受着加力的大小，并密切注视着仪表数值的变化。

"停！"李四光一声令下，机器停止了转动，结果证明地应力是存在的。实验成功了，李四光高兴得像个小青年一样，热烈地与助手们握手、拥抱。

袁隆平的理想在田野中实现

"绿色王国的瑰丽宝石"——中国的籼型杂交水稻早已誉满全

球，被世界农学界誉为"杂交水稻之父"的袁隆平由此获得了国家特等发明奖。

人的一生会经历多次对命运的选择，袁隆平的每一次选择都和农业结下了不解之缘。

袁隆平生在北京，长在城市，但他从小就爱山、爱水、爱农村。在重庆解放前夕，他自愿报考西南农学院农学系，希望大学毕业后投入他孩童时代就热爱的山林田园的怀抱中去，脚踏实地为祖国和人民做一番贡献。

1953 年，二十三岁的袁隆平大学毕业，他选择到湖南一所农校教书。这第二次选择，使他向美好的理想更接近了一步。

在农校里，他教过俄语、植物学，不久又教遗传学。变化万千的自然界繁衍着千奇百怪的植物，它们是怎样传宗接代的呢！玄妙的遗传学深深地吸引着这位年轻人。

1960 年，他带领二十几名学生到罗翁八面山劳动锻炼。当时由于天灾人祸，大家正过着苦日子，一天的粮食定量还不够吃一顿的。在饥荒面前，袁隆平心里暗自琢磨，自己如果能选育出一个好水稻品种，亩产千把千克，大江南北都增产，大家就不会再饿肚子了！这"异想天开"的念头纠缠着他，面对现实生活的课题，为了祖国，袁隆平不知不觉选择了一条艰辛的道路。

袁隆平独自开始了杂交水稻研究，终日在茫茫稻海中寻觅天然雄性不育株。炎炎烈日，把他的皮肤晒得更黑了；瓢泼大雨，多少次冲刷了他身上的汗渍。袁隆平像老农一样赤着脚在水田里寻觅。当他手拿放大镜专心致志地观察的时候，一只又一只蚂蟥沿着他的小腿爬上来，而他常常没有发觉。

袁隆平收集了近万株稻穗，并进行细致的观察、分析，终于找到了一棵雄性不育株。接着，他又带着两个助手，走遍长江流域，

然后往南一直走到海南岛，经历了上万次的失败，完成了野败型不育系的培育。

有人把杂交育种比作替作物"做媒"，而个中艰辛又岂是"人间月老"所能体味的。为了成全一对水稻"伴侣"，袁隆平奉献了宝贵的青春年华。

袁隆平是新中国培养出的第一代农业科研人员，他没有辜负党和人民的期望。杂交水稻推广后，一年所增产的稻谷，就相当于我国全年粮食总增产量的三分之一。

劳动者最快乐

第三章

英国哲学家休谟说过："正是劳动本身构成了你追求的幸福的主要因素，任何不是靠辛勤努力而获得的享受，很快就会变得枯燥无聊，索然无味。"教育家苏霍姆林斯基举了一个例子："一个孩子为了浇花，开始提了一小桶水，接着他又提第二桶、第三桶、第四桶，结果，他累得满头大汗。这时，你不必担心，因为对他来说，这其实是世界上任何一种别的喜悦都不能够比拟的真正喜悦。"因为在这种辛勤的劳动中，孩子看到了自己劳动的成果，于是就有了一种成就感。

许多家长因为心疼孩子或担心耽误孩子的学习时间，总是不舍得让孩子劳动，实际上劳动可以锻炼孩子，也有助于培养健全的人格。本章选取的一些故事，让我们看到劳动能让人感到快乐和充实。

百丈禅师不劳不食

百丈禅师年逾六十，仍无一日停下工作。

在严寒酷暑中，年轻的僧人尚且吃不消，何况百丈禅师呢！但他还是照常下田干活。百丈禅师可谓年迈力衰，大家担心他体力不支，便决定把他平日用的镰刀和锄具藏起来，好让他找不着农具，就在家休息调养。

次日，百丈禅师要出去劳作，遍寻工具不着，只好歇息。但他什么都不吃，而兀自进入坐禅三昧。

众僧看他一连多日都不思饮食，便问他原因，他答道："一日不作，一日不食。"

他以此晓喻众僧：日常生活的种种都是学禅，没有动，即没有禅。

人生智慧：秉持百丈禅师"一日不作，一日不食"的工作哲学，日积月累，持之以恒，坚守绝食挑战的工作心态，用心用情，用力用命，目标必可如期达成。

喻皓学建筑

喻皓是北宋初有名的建筑家，曾做过杭州都料匠。他擅长营造，尤善建塔，被誉为"造塔鲁班"。宋朝的大文学家欧阳修曾称赞他说："国朝以来木工，一人而已。"还有一句民谣说："诗词数白公，造屋忆喻皓。"足见其技艺之高。

喻皓从小就很喜欢做木工活。他小时候，常常到外面去捡些破木头，将它们做成小巧美观的家具、房子、塔等各种玩具。到了二十多岁，他的手艺已经很不错了，能够造厅堂庙宇、亭台楼阁。喻皓学木工，很注意学习吸收各种优秀技术。他年轻时住在洛阳，洛阳有座相国寺，是当地的著名建筑物。有一次，喻皓到那里去游玩，看到相国寺的门楼结构十分别致，尤其是向上卷起的飞檐，过去从来没有见过。为了学会修造这种飞檐，他常常一个人跑到寺前去观察，起初是站着看，累了就坐下来看，坐久了又躺下来看。他边看边琢磨，接连看了许多日子，终于弄懂了其中的结构和奥妙，掌握了制造这种飞檐的技术。

喻皓一生负责修建过许多重大的建筑工程，开封的开宝寺塔（已焚毁）就是其中之一。这是一座八角形的木塔，高110多米，塔上雕有许多菩萨，塔下修成天宫模样，结构复杂，技术难度很高。喻皓先做了一个模型，然后照模型施工，历时八年木塔才全部竣工。相传完工时，人们看到塔身向西北方向倾斜，感到很奇怪，就跑去问喻皓。喻皓回答说："开封地势平坦，四周没有高山，又多西北风，经过风吹和湿气浸润，年久塔身自然就正了。"后来，果然不出喻皓所料，开宝寺塔由倾斜变得笔直了。喻皓不但努力学习钻研建筑艺术，而且每到一地都要仔细研究当地的气候条件、风俗人情，作为设计工程的参考。所以，他在建筑方面取得了很高的成就。建杭州梵天寺塔时，他也曾科学地解决了木塔的稳定问题。喻皓在晚年总结建筑实践经验，写下了我国古代重要的建筑专著——《木经》。可惜这部著作早已失传。但是，我们从杭州现存的塔幢中，仍可窥见喻皓生活的那个时代高层建筑的状况。

劳动的力量
——勤奋的印记

地貌学鼻祖徐霞客

　　1640年，一位万里远征的游子回归故乡江阴（今属江苏）。岁月的犁铧，把数十年旅途的风雨和艰辛，深深镂刻在他那瘦削的双颊和紫铜色的额头上。

　　他卧病在床。病榻前，书案上堆放着一沓沓游记手稿和各种各样的"怪石"。他"不能肃客"，颤抖的双手仍攥着"怪石"，"摩挲相对"，细心地观察和研究，直到生命的火焰熄灭！

　　他就是我国明代伟大的地理学家和旅行家徐霞客。有学者说，徐霞客的确是"千古奇人"，他写的书确是"千古奇书"。在科举盛行的封建时代，他视功名富贵如粪土，终生不入仕途。数十年间，拄一根手杖，携一床襆被，与长风为伍，以云雾为伴，登危崖，历绝壁，涉洪流，探洞穴，饥啖野果，渴饮清泉，耳不闻金革，目不睹荒残，徜徉潇洒于人迹罕至之境。那一沓沓手稿，是他考察山川河流、溶洞地貌、风土人情写下的几十万字的游记。他以深邃的目光，发现大自然的奥秘，探索它的规律，指明了系统观察和探索大自然的新方向。后人将其手稿整理成书，那就是闻名于世的《徐霞客游记》，被誉为"古今游记之最"。那些被人看作"怪石"的东西，其实不怪，它不过是徐霞客采集的岩石标本，是一门新科学的幼苗。对我国石灰岩地貌的考察和研究，"奇人"做出了巨大的贡献，使他成为中国古典地貌学的鼻祖、世界岩溶考察的先驱。

　　徐霞客，名弘祖，字振之，号霞客，于1587年生于一个书香世家。到了他父亲徐有勉那一代，家道已经中落。徐有勉虽然也很有学识，但却终生不为官，也不愿与权贵结交。

聪明的徐霞客，从小喜欢读书。先祖留下的一座"万卷楼"成了他的乐园。他对科举应试一类的经书从不感兴趣，一捧起历史、地理、探险游记一类的书籍便废寝忘食。这些书强烈地感染着他，使他在少年时代就立下了遍游祖国山川的宏伟志愿。

但是，古语说："父母在，不远游。"这使徐霞客踌躇不决。母亲王氏知道了儿子的心意，勉励他说："好男儿志在四方，怎能为了父母羁留家园，像圈在篱笆里的小鸡，套在车辕上的小马一样呢？"父亲病逝，服丧期满，两鬓斑白的母亲就鼓励儿子远游，还特地为儿子亲手缝制了远游冠，以壮行色。为激励其子，这位贤母还让儿子陪她去游历了荆溪和句曲，每次都步行于前，以示自己康健不老。霞客不负良母期望，二十一岁那年，辞别老母和新婚的妻子，踏上了远游的征途。

徐霞客早年的旅行，主要是搜奇访胜。浙江的天台山、安徽的黄山、江西的庐山、山东的泰山、河南的嵩山、陕西的华山、福建的武夷山等，都留下了他的足迹。他的旅程，时南时北。崇祯元年（1628年），他刚刚游历了广东的罗浮，转年又北入京师，上盘山，接着又再游福建。其中有一年，夏秋之间他还徘徊于山西北部的五台山和恒山，秋后又南游至福建的漳州。真是天南地北，仆仆风尘。在当时的交通条件下，没有满腔的热忱和坚强的毅力，是断然办不到的。

"奇人"远行，游法也与众不同。为便于实地考察，他从来都是徒步跋涉，间或乘船，绝少骑马。在较长的时期内，随他同游的是一个仆人。但每到险要之地，他都留下仆人，背起行李，只身前往。远游西南时，一位名叫静闻的和尚，有志赴云南鸡足山朝香，与他结伴同行。但是很不幸，静闻因病离世。对此，他在诗中有"西望有山生死共，东瞻无侣去来难""别君已许携君骨，夜夜空山泣杜鹃"。和唯一的游侣含泪永别，徐霞客背负同伴遗骨，在崇山峻岭中孤身前行。按照静闻的嘱托，徐霞客把伴侣的遗骨背到鸡足山安葬。旅途中，他几番重病缠身，经常绝粮挨饿，只好脱下衣裙，用竹竿挑着叫卖。

几十年的旅行探险，所到之处多是人迹罕至之地，徐霞客始终表现出排除万难的无畏勇气和坚韧不拔的科学精神。为了揭开大自然的奥秘，他"不避风雨，不惮虎狼，不计程期，不求伴侣""旅泊岩栖，忍饥耐寒"，长年累月奔波在深山峡谷之中。"登不必有径""涉不必有津"，狂风暴雨，行丛林绝境。奔腾的河流挡道，他击水泅渡；探察深邃的洞穴，他有时像蛇似的匍匐爬行。他曾多次路遇强盗，盘缠和财物被抢劫一空；他曾屡屡断粮，不得不以野果填塞辘辘饥肠；也曾失足落水，被卷入急流旋涡……

可贵的是，他虽然历经艰险，却从不以之为苦。而且不论在何种情况下，一日行程终了，他都要把当日经历和观察所得一一记录下来。有时白天连续赶路，疲惫不堪，到晚上他还要在残垣断壁之间，点起如豆的油灯，进行写作。甚至露宿山野，寄身草莽，他也要燃起篝火，坚持写游记。

徐霞客发现，在我国众多的地理古籍中，所记载的多是疆域沿革和建置风俗，对各地的自然地理景观则很少介绍，而且不少是承袭附会，随意穿凿，以讹传讹。他每次出游之前，都要先阅读有关地理书籍，找出疑窦，确定考察的重点目标。每到一地，尽量收集地方图志，认真研究。考察时，"一丘一壑，支搜节讨"。

他听说，潇水的上游有座叫三分石的山峰，是几大水系的分水岭，一支流往广东，一支流入广西，另一支流向湖南。他为了辨别这个说法是否可靠，便找了一队瑶族人作为向导，冒着大雨浓雾，溯潇水而上，终于找到了三分石。他发现事实与传说完全是两个样，原来从三分石流出的水都流入湖南境内，并不流往两广，从而纠正了传说中的谬误。

徐霞客三上雁荡山的故事，显示了他的求实精神。雁荡山是一座名山。相传山巅积水为湖，芦苇丛生，结草成荡，秋雁南归多宿于此，故名"雁荡"，其山则称"雁荡山"。古书记载，大、小龙湫之水源于雁荡。为究其竟，徐霞客冒着生命危险三登雁荡山。

初次上山，是在 1613 年。他拨开齐腰的荒草，爬上山顶。这里山脊锋凌，无处落脚。但未见湖的踪影，他不肯罢休。忽见高峰尽处，一石如劈，俯瞰南面石壁下有一级，他便让仆人用包脚布结成长带，自己悬空而下。下去之后才发现，那里并无前进之路。待他攀缘而上时，带子磨断，他差点葬身于万丈深渊，幸而手抓一块岩石，才得生还。

二十年后，徐霞客再登雁荡山。几历险情，方探得几个崖洞的奥秘，但仍未见到雁群。接着，他第三次上雁荡山，沿一偏僻小径，攀着藤条爬上绝顶，在离绝顶十五千米处，终于见到了栖息的雁群。

徐霞客三上雁荡山，深入考察，终于弄清山上确有雁湖，也有雁群栖息，但雁湖的水一支往南，一支往北，均与大、小龙湫无关。至此，雁湖与大、小龙湫的位置和关系，方得正确记述。

最感人的，还是他挺进祖国大西南的万里壮游。那时，他已年过半百。临行前，亲友都劝他结束那种艰苦的探险生活，但他的壮游之志不减当年。他对孩子们说："就当我死了就是了！"在一个漆黑的夜晚，他大笑出门，乘舟远去。他从江苏出发，取道浙江，进入江西，然后走广西，跨贵州，一直到达云南与缅甸交界的少数民

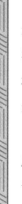

族聚集区。经历了数不清的艰难困苦，历时四年。旅途中，他对山脉、河流、岩石、土质、地貌、气候，以至火山、矿泉、植物、动物等，都做了详尽的考察和记录。

在我国西南地区，石灰岩分布十分广泛，而且发育完整。徐霞客在这些地区，对岩溶的分布、类型、成因、特征及其农业利用，都进行了前无古人的考察和研究。他考察了祖国大西南的一百多个石灰岩溶洞，而且对每个溶洞的结构和内部情况都作了深入探测。而对溶洞的考察，更需大智大勇。许多洞穴，深远莫测，洞中曲折多歧，暗河交错，一旦迷途，便会葬身幽穴。徐霞客手举火炬，独自蹚河前进。一次，有一巨蟒横卧洞口，不见首尾，霞客毅然跨蟒而过。后宿于洞中，夜半虎啸，全洞回响，如山崩地动，他也毫无惧色。他就是以这种不畏艰险的精神，两度考察桂林七星岩，踏勘了七星岩的整个山体，对十五个洞口的分布都作了综合描述。其所记各项数据，虽是目测步量，却与20世纪50年代中国科学院地理研究所以科学仪器测量的结果大体相符。同时，他对溶洞、石笋、钟乳成因的解释，也与近代科学一致。这些卓越的科学成就，都记录在他的游记中。

徐霞客结束了万里远征，回到故乡，便一病不起。半年后，他的手里攥着两块石头标本离开了人间，终年五十四岁。

他死后，家乡人民曾在石头上刻下这样一副对联——曾有霞仙居北坨，依然虹影卧南旸，以表达对他深切的爱戴和永久的怀念之情。

大师的蜕变之路

诞生于湖南湘潭的齐白石，幼年家境贫寒，仅读了一年私塾便失学。齐白石自幼就因先天性营养不足而体弱多病，而对于仅有一亩水田来维持生存的全家五口来说，其艰难可以想见。

齐白石七岁时，已能将祖父教的三百来个字背得滚瓜烂熟，牢记于心。祖父认为自己再也无力教授孙子时，开始长吁短叹，担忧由于家庭贫困不能供养孙子读书，从而导致孙子过人的天分被耽误。好在天无绝人之路，齐白石的外祖父在枫林亭附近的王爷殿设了一所蒙馆。这样，齐白石虽无力交学费，但因为是亲外孙，也得以在外祖父的蒙馆寄学。

聪明的齐白石勤奋好学，在学习之余，开始在描红纸上涂鸦，没想到他画的东西竟与实物十分相像。不久，他的画在同学中已经小有名气。正在齐白石沉浸在读书、绘画的乐趣中的时候，蒙馆放秋忙假了，不巧的是齐白石又生了场病，加上天公不作美，田里歉收，对于已经添丁加口的齐家，无异于雪上加霜。青黄不接的时候，连饭也没得吃了。齐白石的母亲别无他法，哽咽地对他说："年头儿这么紧，糊住嘴巴再说吧！"懂事的齐白石只好无奈地中断读了不到一年的蒙学。

辍学后的齐白石，平时挑水、种菜、扫地、打柴、放牛，做一些力所能及的家务事。在空闲时间，他就读从外祖父那里借来的《论语》，家里能找到的纸片，都被充分利用起来，画满了他喜欢的画。

齐白石十六岁时，家里人考虑他身体单薄，干不了重活，便想让他学一门轻松一点的手艺，加上齐白石喜欢画画，经人介绍，他便到当地一个叫周之美的雕花匠那儿学习雕花技艺。这使他对雕刻产生了极大的兴趣，为了节约钱买笔墨纸砚，他吃最简单的饭食，穿单薄的衣服。二十岁那年，他在做活的时候意外地发现了一套康熙年间刻印的《芥子园画谱》，他如饥似渴地用半年时间全部临摹下来，并反复临摹，积累了上千张手稿。

1889 年，齐白石在做活的时候，认识了颇有才学的胡自倬和陈少蕃。

从此，他走上了专门的读书绘画的生涯。几年下来，齐白石的绘画技艺有了很大提高，并在传统绘画的基础之上创造了一些新技法，创作了不少富有诗情画意的作品。三十多岁时，齐白石才开始苦练治印；他拜黎松安、黎铁安为师，把一枚枚印章刻了又磨掉，磨掉了又刻，学得非常辛苦。半年下来，他便掌握了汉印的基础。

1902 年，年近四十岁的齐白石游历了大江南北，每到一处，他都要游历当地的名山大川，了解当地的风土人情，积累了大量速写作品，同时结识、拜访了许多有真才实学的画界名人，鉴赏、临摹了许多秘籍、名画、书法、碑拓等艺术品。这些经历大大开阔了他的眼界，提高了他的审美能力和鉴赏能力。

1909 年暮秋，齐白石回到故乡，购置了"寄萍堂"居住，这一住就是十年。在这期间，齐白石每天除坚持作画外，就是用功苦读诗词，闭门自修。通过这十年的刻苦磨砺，齐白石基本上形成了朴实、自然的创作风格。

而后，齐白石决计北上，定居北京。初到北京，齐白石的画并不能卖出，仅靠治印维生，生活极为贫困。但他不断地从黄宾虹等人的画中吸取营养，后来便来了个衰年变法，创造了中国画工笔草虫和写意花卉相结合的特殊风格，终于在陈师曾的提携下，名声大振。

后来，齐白石被北平的一所艺术专科学校校长聘请为教授。他把自己几十年的绘画创作经验毫无保留地传授给学生，著名画家王雪涛、李苦禅、李可染等，便是他的得意门生。

八十岁前后，齐白石治印的篆法、章法、刀法都表现出了鲜明的特色。其画作造型简括、神态生动、笔力雄健、墨色强烈，书与印苍劲豪迈、刀笔泼辣、神奇趣逸。他将画、印、诗、书熔为一炉，使中国传统艺术水平达到新的高度。

1937 年，日军侵占北平，北平沦陷之后，齐白石愤然辞去了北平艺术学院教授的职务，从此紧闭大门，充分表现了这位艺术老人的民族气节。1939 年，为拒绝日伪大小头目纠缠索画，他在大门上贴上纸条："白石老人心病复作，停止见客""画不卖与官家，窃恐不祥""绝止减画价，绝止吃饭馆，绝止照相""与外人翻译者，恕不酬谢"。及至 1944 年，他决意停止卖画，并以"寿高不死羞为贼，不丑长安作饿饕"的诗句，表示宁可挨饿，也不取媚于恶人丑类。直到 1945 年日本投降，他才公开露面，于 1946 年初恢复了他的卖画生涯。1957 年 9 月 16 日，齐白石大师走完了他将近一个世纪的生命历程。

周恩来参加纺线比赛

1942 年，国民党顽固派加紧对抗日根据地实行军事和经济封锁，陕甘宁边区的供应十分困难。

为了打破敌人的封锁，八路军战士自己开荒种粮，自己纺线织布。各级领导干部纷纷带头。

周恩来也从繁忙的工作中抽出时间和战士们一起参加生产，学习纺线。

周恩来办公的窑洞里就放着一架纺车。这一天，周恩来又坐到纺车前。他挽起袖子，右手握住摇柄，慢慢地摇动纺车，左手扯住棉花，纺车越转越快，发出一阵阵"嗡嗡"的响声。纺了一阵子，周恩来抢了抢右胳膊，这只胳膊受过伤，伸屈困难，但他不顾伤痛，休息一会儿又干了起来。

这时，警卫员从屋外进来，见周恩来双手配合灵活，纺车转得飞快，不禁高兴地叫起来："您一只胳膊受过伤还纺得那么好、那么快!"

周恩来擦了擦额头上沁出的汗珠，大声说："我还敢跟你们小伙子比一比呢!"

在周恩来的提议下，中央机关决定开展一次纺线比赛。

1943 年的一天上午，一次别开生面的纺线比赛在枣园中开始了。

几十架纺车排列成行。周恩来的纺车是王震送给他的，任弼时也参加了比赛。

只听裁判员一声令下，几十架纺车一齐飞转起来。

观看的人屏住呼吸，大家的目光都集中在周恩来的身上，生怕他那只受伤的胳膊受不了。

比赛进行了整整三个小时。

比赛结束了，周恩来和任弼时都被评为纺线能手，纺的线被评为甲等。

周恩来参加纺线比赛的消息，给陕甘宁边区的军民以极大的鼓舞，军民大生产的热情也更高了。

周恩来拉车

十三陵水库工地上，人流如织，车队成龙，一派热火朝天的景象。在那生龙活虎的劳动大军中，一位年逾花甲的老人，正躬腰曲背，着力拉车。他身上的衣服干了又湿，湿了又干，结出片片汗花。

这位老人就是周恩来总理。

1958年6月，周总理带领中共中央和国务院机关干部到工地参加劳动。周总理出现在工地，工地上一片欢腾。水库工程负责人宣布注意事项后，眼瞅总理，说："欢迎首长指示。"周总理看了一眼旁边的部长们，随后亲切地对水库工程负责人说："这里没有总理、部长的职务，大家都是普通劳动者。你就分配任务吧，你怎么指挥我们怎么干。"

总理是个地道的劳动者，每天笛声一响，他便和大家一起排队出工；太阳落山，又和大家一起唱着歌儿回工棚。他住的是矮工棚，睡的是木板床，吃的是馒头和白菜汤，一点都不特殊。但是，干活的时候却有选择，什么活重他干什么。他兴致勃勃地抬筐运土，高高兴兴地推车送料。当他搬运石料时，一块滚动的石头砸破了手指，鲜血直流。总理受伤了，大家围上来关切地问长问短。有的要去找医生来给他包扎，有的劝他休息两天养养伤。周总理吮吮流血的指头，笑着对大家说："谢谢大家的关心。轻伤不下火线嘛，这点小伤根本不算什么。"说完，他拿起拉车的绳子，往肩上一搭，朝推车的同志说："走，运料要紧。"看见总理如此，推车的同志心

劳动的力量
——勤奋的印记

里热乎乎的，又劝道："总理，戴副手套吧，要不伤口沾了土，会感染发炎的。""戴手套干活不方便。"总理转身拉着车子朝前奔，推车的同志只好紧紧握住车把，脚下使劲，推得车轮飞转。"吱哟哟，吱哟哟……"沿路撒下一串串欢快的歌声。

周礼荣越是艰苦越要去

1958 年，周礼荣从上海第一医学院毕业了。他想到农村那种缺医少药的情景，毅然决定到条件最艰苦的农村去，把青春献给农民。

河南省内偏僻的县城——郸城，迎来了一位年轻有为的医学院毕业生。消息传出，人们奔走相告。农民们心里乐开了花："再有病可不愁喽！"可也有人提出疑问："咱们这里条件这么艰苦，他待得长吗？"

说是县城，其实这里只不过是个乡村小镇。生活和工作条件都十分艰苦，吃的是红薯馍，喝的是玉米糊，逢年过节也吃不上几口肉。周礼荣住的是一间草房，没有桌子，没有电灯，没有自来水，晚上点煤油灯照明。医院的配置就更简陋了，十几间灰蒙蒙的平房，只有一张破旧的简易手术台，上面铺块橡皮布。顶棚上挂着一盏汽灯，床边还有一个烧柴取暖的柴油桶。一切都与城市有天壤之别。

周礼荣是铁着心来到这里的，再艰苦的条件也不能使他退缩。他刚到郸城的那几年，上有老人，下有孩子，可每月只有那点工资，生活上的困难可想而知。他的一位分在城市大医院的同学来看他，一见这情景，劝他道："这里条件太差了，回上海吧。"

他听后无动于衷，还说："大家都往大城市跑，谁来给农民看病呢？条件靠人创造，人总得有点艰苦奋斗精神，我不能当社会主义逃兵。"

也有人劝他退职自己开个诊所，有名又有利。他回答："我到河南是来工作的，不是来赚钱的。"为了坚定地在这里干下去，他还把在上海工作的爱人也调到了郸城。

周礼荣时时想着贫穷的农村，深深爱着勤劳的农民。他常说："作为一个医生，不但要有高超的技术，还必须有一颗美的心。"

有一天，一位妇女抱着个病孩来到他的面前。这个孩子出现严重的营养不良现象，而且患有黄疸型肝炎，瘦得皮包骨头，脸色蜡黄，两眼紧闭，呼吸微弱，必须立即抢救。周礼荣开处方后，叫那妇女去取药，一会儿给孩子输血。那妇女面带愁容地问："输血得多少钱？俺，俺回村去借。"

周礼荣要回处方，去掉输血那一行，交给妇女，说："药不贵，几毛钱就够了。"

妇女出去了。周礼荣伸出胳膊，让护士抽自己的血。那妇女回来的时候，看到这个场景，热泪夺眶而出，她抢上前去，抱过孩子，泣不成声地说："周医生，俺不治了，他死就死吧，就当俺没生他！"

"抽我的！……抽我的！"护士和医务人员都掉下了眼泪，一个个伸过胳膊，向周礼荣恳求。

周礼荣命令似地说："不行！我是 O 型血，你们的血还得化验，来不及了。"

就这样，200 毫升的鲜血徐徐注入病孩的血管，病孩得救了。

为了抢救危重病人，周礼荣多次献出鲜血。每一次，他都是刚为病人输完血，又接着为病人做手术。组织上按规定给他的营养品，他都舍不得吃，全部送给了病人。

如果你向郫城的农民打听起周礼荣的事，他们会给你说上几天几夜。他那艰苦奋斗、无私奉献的精神会令每一个人为之动容。

渴求知识的罗蒙诺索夫

著名科学家罗蒙诺索夫是一个渔民的儿子，他十岁就下海捕鱼，没有机会上学。可他非常爱学习，有空时就跟着一个邻居学识字。有一次，他跟父亲去邻村一户村民家，在那户人家里发现了一本读物——《算术》，就恳求那户人家送给他。那户人家的儿子提出要用一只活的小海象来换。当时不是捕海象的季节，上哪儿去弄小海象呢？求知心切的罗蒙诺索夫用干四十天活的代价，从一个商人那儿换来了一只小海象。

他满怀喜悦地把小海象送给那户人家的儿子，那人却恶作剧地要罗蒙诺索夫再在坟场睡上一晚。为了得到书，罗蒙诺索夫去了坟场。他心里感到很害怕，为了不想那些可怕的事，他望着天上的星星作起诗来。第二天，他终于如愿以偿地得到了向往已久的书。

罗蒙诺索夫渴望学到更多的知识。十九岁那年，他向邻居借了三个卢布，步行二十多天，来到莫斯科，进入斯拉夫－希腊－拉丁学院，和一群十二三岁的同学坐在一个教室里上课。

这所学校有个规矩：按成绩排座次，成绩最好的坐第一排，最差的坐最后一排。罗蒙诺索夫一个拉丁文都不认识，坐在了最后一排。同学们趁机起哄："大傻瓜来啦！"他对这些毫不理会，每天用心听课，刻苦学习，成绩越来越好。他的座位不断向前移动，不久就坐在了第一排。他一年学完了三年的课程，第二年就跳入了四年级，成为全校闻名的优等生。

由于出色的学习成绩，罗蒙诺索夫被选中去德国学习采矿和冶金。他的老师是有很高威望的沃尔夫教授。教授经常教导他说："不要生活在别人的智慧里，即使对著名的学者，也不应盲目信任。"

他在德国学习了五年，回来后，冲破重重阻力，前后奔走好些年，建立了俄国第一座化学实验室。从此，他在那里大显身手，研究化学和物理，取得了丰硕的成果。

那时候，化学还没有统一的理论，对一些已知的化学现象，有人用一些唯心的观点来解释。例如，对燃烧这个现象，有人认为可燃物中有一种叫作"燃素"的东西，它是一种特殊的发热的流动体，一会儿侵入物体内部同物体结合在一起，引起燃烧，一会儿飘浮在空中。燃烧时，"燃素"以光和热的形式放出去了，但燃烧物的重量会增加，这是因为燃素有负的质量。

然而，"燃素"到底是什么？谁也不知道。许多人用各种办法寻找"燃素"，可谁也没找到。

罗蒙诺索夫决定用实验揭开这个谜。他把金属屑倒进曲颈玻璃瓶，封好瓶口，称准重量，放到火上煅烧。金属屑被烧成灰后又冷却称重。结果发现，每次燃烧前后玻璃瓶的重量都没有变化。但如果打开瓶口，空气进入后，玻璃瓶的重量就会增加。罗蒙诺索夫断定，金属燃烧时变重是因为与空气（其实是氧）化合的结果，所谓的"燃素"根本不存在。又经过许多次实验和观察，他发现所有参加反应的物质总重量一定等于反应后生成物的总重量。据此，罗蒙诺索夫提出了物质和运动不灭的概念，有力地冲击了当时在化学上占统治地位的燃素学说。

劳动的力量
——勤奋的印记

高尔基的生活道路与创作

1868 年的一天，在一个木工家里，一个男孩呱呱坠地。父亲替他取了个名字叫阿列克塞·马克西莫维奇·彼什科夫。

不幸的孩子，四岁时父亲就丧亡了，不久母亲由于生活所迫不得不改嫁。阿列克塞只好寄居在外祖父家里。慈祥的外祖母很疼爱他，可是家境贫寒，阿列克塞只上了三年小学就走向了社会。他先到一间时髦的皮鞋店去当学徒，而后又在轮船上当洗碗的工人。厨师史默利是个善良的、有修养的人，常引导他看书学习。书成了他的精神食粮，他那悲凉寂寞的心灵开始燃烧起热情的火焰。

接着他又在神像作坊当学徒，到戏院当勤杂工、跑龙套，过着十分艰苦的生活。他酷爱书籍，但没钱买书，常常借书来阅读。他进入一家面包厂当工人后，认识了不少新朋友，参加了这些人领导的一些组织。1889 年 10 月，阿列克塞第一次被捕，被拘留了一个月才获释。这时，他的背袋里已藏着自己偷偷写的很多诗稿。

一天，他拿着诗稿《老橡树之歌》，去找作家柯罗连科看看。阿列克塞来到柯罗连科家门口，看见有个人身材粗短，戴着皮帽，正在扫雪。

"你找什么人？"那人问道。

"我找柯罗连科。"阿列克塞回答。

"我就是。你有什么事吗？"

阿列克塞一听他就是柯罗连科，就高兴地掏出诗稿，说明来意。柯罗连科翻着厚厚的稿子，温和又热情地和他谈了不少问题。

阿列克塞听了一番指点，知道作家的工作是很不容易的。

两个星期之后，柯罗连科把原稿寄还给阿列克塞。他一看，诗稿的封面上写着批语："从这首'歌'上我很难判断你的才能，不过可能你是有才能的。请你写点你所经历过的感受，送给我看看。我不是一个诗的鉴赏家，虽然你的诗在个别行间很有力量、很鲜明，但是我觉得你的诗很难懂。"阿列克塞立即把诗稿撕得粉碎，扔进了火炉。他原先想，他的诗写在自己困难的日子里，竭力描写出五彩缤纷的真实生活。只要作品一发表，人们读了这些诗，受到感染，世界上就会出现正义的、纯洁的、愉快的生活。可是，现在他的愿望和诗稿一起化作了一缕青烟，他的心里异常痛苦。

1891 年的春天，阿列克塞记着"写点你所经历过的感受"这句话，背着背袋，顺着伏尔加河往下游走，又乘船来到察里津。从察里津穿越顿河地区，流浪到高加索。他要了解人民的生活。他靠两脚走了几千里路，观察人，观察生活，观察海洋和轮船，观察高山和草原……他当过搬运工和建筑工，捕过鱼，晒过盐，工作任务繁重，还常常挨饿。长途漂泊的生活，使他积累了丰富的素材。

阿列克塞在梯弗里斯结交了许多被流放的政治犯，其中有个叫卡柳希内的人对他帮助很大，还鼓励他从事写作。

一天，阿列克塞给卡柳希内讲了一个关于少女拉达和勇士左巴拉的故事。

"很好！你把它写出来！"卡柳希内听了故事后鼓励他说。

"能行吗？"阿列克塞问卡柳希内。

"行！"

阿列克塞果真把它写了出来，小说名为《马卡尔·楚德拉》。

卡柳希内怂恿他说："将小说寄出去。"

"寄到哪里去？"

"报社。"

阿列克塞在卡柳希内的劝说下，鼓足了勇气，将小说送到梯弗里斯的《高加索日报》去。报社的编辑爱上了这篇小说。阿列克塞高兴得简直要跳起来，立刻给自己起了一个笔名：玛克西姆·高尔基。这篇小说的署名，后来成了全世界都知道的那个闪光的名字。这时他才二十四岁。1892 年 9 月 12 日，这篇小说刊登了出来，阿列克塞就把这一天作为自己文学工作开始的日子。

巴甫洛夫植树

条件反射学的创始人，1904 年荣获诺贝尔生理学或医学奖的苏联著名生理学家巴甫洛夫（1849—1936 年），从小就非常热爱劳动。

在他小时候有这么一个故事。

一天，巴甫洛夫和弟弟约好去园子里种树，弟弟非常高兴，抢先扛起一棵苹果树苗，蹦蹦跳跳地走了。巴甫洛夫赶紧拿起一把铮亮的铁锹紧跟在后面。

两人来到了园子里，向四周看了看，把这棵苹果树种在哪里呢？

"就种在这里吧！"弟弟指了指脚下的空地对巴甫洛夫说。

"好吧！"说完，巴甫洛夫脱去外衣，举起铁锹挖起土来。

土层很硬，巴甫洛夫憋足了劲，拼命地用脚蹬铁锹，费了很大的劲，才挖了一个很小的坑。

弟弟看到巴甫洛夫满脸通红，浑身是汗，实在过意不去，就从

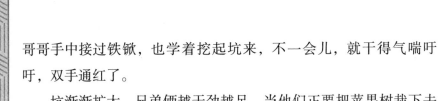

哥哥手中接过铁锨，也学着挖起坑来，不一会儿，就干得气喘吁吁，双手通红了。

坑渐渐扩大，兄弟俩越干劲越足。当他们正要把苹果树栽下去的时候，爸爸从屋里跑出来了。

他看着兄弟俩挖出的土坑，赞扬兄弟俩是爱劳动的好孩子。可是，紧接着爸爸又摇了摇头，指着园子里一块突出的高地对兄弟俩说："你们看，那儿地势高，这里地势低，一下雨，这里就会积水，苹果树不就要被水淹死了吗？"

巴甫洛夫心想：对啊！刚才我们怎么没想到呢？

弟弟听了爸爸的话，看看自己通红的双手，小嘴一噘，扔掉铁锨不高兴地走开了。

巴甫洛夫并不灰心，他又拿起铁锨，填满了刚挖好的土坑，擦了擦头上的汗水，跟着爸爸在高地上挑选了一块空地，重新挖起来。

巴甫洛夫手上磨出了泡，稍一用劲就钻心地疼，可是他依然咬紧牙关不停地挖。坑挖好了，把树苗栽上，他又打来满满一桶水，小心地浇在树根周围，这才高高兴兴地扛起铁锨回家了。

巴甫洛夫从小养成的爱劳动的习惯，一直保持到晚年。一到暑假，他总要回到乡下耕种自己的菜园。在战争年代，他在实验室周围的空地上种菜，自力更生，解决了吃菜的困难。由于从劳动中获得了乐趣，所以他常说："我不知道自己究竟当什么样的人才好，农民、司炉工，或是科学家。"

加里宁率子割草

加里宁（1875—1946年）是一位著名的教育家。他认为，劳动是人类生存的首要条件，可以使人高尚起来；如果一个人不做事只吃饭，那就等于侵占别人的劳动成果。因此，他始终把劳动作为教育孩子的一个重要内容，并且以身作则，经常和孩子们一起下地干活。

十月革命胜利以后，加里宁担任了全俄中央执行委员会主席。尽管公务繁忙，但他总要抽出时间回乡参加劳动。

有一年，割草的季节到了，加里宁照例又请了几天假，匆匆地赶回乡下。他一进家门，还没来得及洗一下脸，吃点东西，就把他的两个儿子和三个女儿叫到身边。

"孩子们，你们都已不小了，应该学点劳动的本领了。明天，男孩子跟爸爸一起下地割草，女孩子在家帮助祖母做家务，好不好啊？"

"好！"五个孩子异口同声地回答。

第二天，天刚蒙蒙亮，加里宁就把两个儿子叫醒了。他们父子三人带上水壶和干粮，手里提着镰刀，穿着胶鞋，踏着露珠，兴致勃勃地向前走去。

来到草场，他们立即埋头开干。父亲在前，两个儿子紧随其后，不一会儿，三人就累得满头大汗。

太阳渐渐升高了，割下的牧草也渐渐堆成了小山。休息的时候，两个孩子围坐在父亲身边，啃着带来的干粮。加里宁向孩子们讲述人类从猿到人劳动进化的故事，两个孩子一边休息一边听得津津有味。

讲完故事，加里宁又催促两个孩子："快点干吧，趁着露水没干多割一点草。今天帮祖母割，明天去帮助别人……"

他们割完草，感到又累又饿，回到家里，香喷喷的面包和新鲜的牛奶已经在桌上摆好了。

牛奶是他的三个女儿帮助祖母挤的，面包也是她们帮助祖母烤的。加里宁望着五个累得筋疲力尽的儿女，高兴地笑了。

富兰克林终身坚持的学习习惯

富兰克林小时候非常爱学习，可他只上了两年小学，十二岁开始就到哥哥开的印刷所当学徒。在印刷所，他浏览了许多著作，养成了良好的自学习惯，还经常学写文章。十五岁那年，哥哥筹办了一份报纸，富兰克林想在上面试一试自己的文笔。他想，哥哥肯定不会采用自己的稿子，就化名写了一篇文章，半夜里悄悄放在印刷所门口。第二天，哥哥发现了那篇文章，请人审阅后觉得不错，就给发表了。以后，富兰克林常常如法炮制，瞒着哥哥发表了不少文章。

十七岁时，他离开家乡，到费城一家印刷厂当工人。他良好的自学习惯一点没变，尽管收入很少，但他还是千方百计省出钱来买书。有时为了买书，要饿上一整天。

有一次，他在路上看到一位满头白发的老奶奶，饿得走不动了，就把自己仅有的一块面包给了她。这样一来，他自己就得饿肚子了。他拿出书来，心里想：对我来说，只要不饿死，读书的滋味比面包好多了。

富兰克林不但学习努力，做事也非常勤快踏实，从不偷懒，大家都很喜欢他。看到他这么爱学习，有的人就主动借书给他。富兰克林对借来的书十分爱惜，从不乱折乱涂，还会主动修补破损处，所以大家更乐意把书借给他了。

富兰克林给自己制订了一个"达到道德圆满的勇敢而艰苦的计划"，订了个小本子，用来专门记录道德修养方面的过与失。每天早晨，他还要制订好当天的工作和学习计划，并在晚上进行自我检查。从十七岁开始，他便天天如此。

富兰克林靠着自学，掌握了法语、意大利语和拉丁语等多种语言，从而使阅读各种著作更加方便。他聚集起一帮好学青年，在一天的工作结束后，他们便共同讨论各种社会问题和自然科学问题，定期宣读各人写的论文。大家学习的劲头很大，讨论的问题涉及许多科学领域，但大家掌握的知识毕竟有限，有时碰到一些疑难问题，谁也解答不了。

遇到这种情况怎么解决呢？富兰克林想出一个好主意，他建议大家把藏书都集中起来，互相借阅自己所需的书，以此让大家读到更多的书，增加更多的知识。在这个基础上，富兰克林拟订了一个详细的计划，到处筹集资金，在费城建立起北美第一个巡回图书馆。

富兰克林挤出分分秒秒的时间，不断学习，为在生命的航船上扬起知识的风帆，驶向科学王国的彼岸而做好充分的准备。

1746 年，英国学者斯宾士在波士顿做电学表演实验，富兰克林前去观看。实验结束后，斯宾士把一部分仪器送给了富兰克林。富兰克林对电学的浓厚兴趣被激发了，又托人从伦敦弄来一只莱顿瓶，从此闯入了电学领域。

富兰克林是做物理实验的能手，仅用了几个月时间就有了一个重大发现。他总结出电荷有正电和负电两类，为定量研究电荷的性质打下了基础。接着，他又进一步提出，电荷不能创生，也不能消灭，只能从一个物体转移到另一个物体。

为了揭开雷电现象的奥秘，他冒着危险做了著名的电风筝实验，证实天电和地电是完全一样的。弄清雷电的性质后，他发明了避雷针，在科学史上写就了光辉的一页。

杰克·伦敦顽强进取

学习写作有没有捷径？没有！学习写作技能有没有秘诀？有！那么，学习写作有什么秘诀呢？

请美国的著名小说家——杰克·伦敦来回答吧。

他出生在加利福尼亚州的旧金山，父亲是个破产的农民，家庭非常贫困。杰克从小从事体力劳动，十岁就上街卖报，十四岁进奥克兰罐头厂当童工，有时甚至连续干上三十六小时。他无法忍受这种劳动强度，便离开工厂到旧金山港去捕蚝，做违禁的"蚝贼"。干了一年多，他被雇到小帆船上去当水手，到日本海和白令海去捕捉海豹……

1894 年，他在黄麻厂和铁路工厂干粗活。当时，美国发生了严重的经济危机，工厂纷纷倒闭，大批工人失业。失业工人组成"大军"，向华盛顿进发，要求政府采取措施，改善工人生活条件，后遭军警驱散。杰克也参加了这次进军，失败后，他被迫到处漂泊，甚至行乞讨饭，几乎走遍了整个美国。在加拿大，杰克被当作"无业游民"逮捕而坐牢，判处三十天苦役。杰克回忆自己的经历和遭遇时曾说："人生是斗争。意志不是生成的，而是在斗争中锻炼出来的。"的确如此，苦难的生活、饥寒的日子磨炼出了杰克不屈的斗志、顽强的进取精神。

杰克上中学的时候，自己挣钱养活自己。中学要读三年，他认为学习时间太长，于是读了一年就离开学校，经过三个月的自修就去参加毕业考试。二十岁时，他进入大学。在大学里，他独自研究文艺、自然科学，广泛阅读历史、哲学等方面的书籍，努力扩大自己的眼界，从而更深刻地认识生活。可惜，由于生活逼迫，他只读了一个学期，便离开了大学。

值得一提的是，杰克在十七岁那年参加了旧金山的《呼声》杂志征文比赛。他在母亲的怂恿下应试，结果以《日本海口的台风》一文荣获第一名。《呼声》杂志高度评价了他的作品。杰克试笔的成功，在他的心灵上萌发了从事文学活动的幼芽。此后，虽然环境十分艰苦，可是想做一个作家的信念一直没有消失，他坚定地向着拟定的目标走去。

杰克认为，要做一个作家，一是要有知识，二是要有写作能力。于是，他以顽强的毅力，发愤读书。他整天泡在图书馆里，限定自己每夜只睡五小时。他像一个着了魔的人，深更半夜才上床，日出就起身，贪婪地阅读，深入地研究名家的作品，捉摸其特点，探讨其风格，求索其写法，学习其语言，从中汲取艺术的养料。他自己觉得"所学到的每一新事物，所吸取的每一新学说，所冒犯的每一旧观念，都是不断进击所获得的成功和胜利"。

1898 年，他在《大陆月刊》上发表小说，引起了广大读者的注意，为他赢得了文学上的声誉。此后十六年，他写了近五十本书，其中包括政治幻想小说《铁蹄》、带有自传性质的长篇小说《马丁·伊登》等。

杰克·伦敦在谈到成功的经验时，深有体会地说："顽强——这就是作家技能的秘密。"

海明威的写作习惯

大凡著名作家，都有独特的写作习惯。海明威，这位现代派美国小说家，他的写作习惯就异常奇特。

有一次，一位记者问他："你那简洁风格的秘诀在哪里？"

海明威不假思索地回答说："站着写。"

记者听了觉得有些惊奇。

"站着写"，此话并非是海明威故作姿态来哗众取宠。海明威是位站着写的作家，而且是用一只脚站着写。他说："我采取这种姿势，使我处于一种紧张的状态，迫使我尽可能简短地表达我的思想。"海明威这样写作，虽然很艰苦，但必然迫使他将可有可无的话删去。因此，海明威的作品不管是叙述文字还是人物对话、细节描绘，语言都很自然、清新、精练，被称为"电报式"风格。

海明威还给自己定了一条苛刻的纪律：不管夜里睡得多晚，或者失眠多久，一大早必须走到写字台前进行工作。他在动笔以前，总是重读一遍已经写好的稿子：如果是短篇小说，就从头读起；如果是长篇小说，手稿积累得很多，就读写好的最后两三章。他让自己沉浸到小说的情节中去，随后再提笔继续写下去，进一步展开故事。他还喜欢用铅笔写稿，字迹又大又圆，每个字都写得清清楚楚，一页稿纸写九十个字。他从清早一直紧张地工作到中午十二点半，迅速地完成当天的写作计划。他搁笔的时候，往往是他写作活动进行得顺利的时刻，思想最活跃的时候。他说："搁笔最好是在你已经知道下回如何分解的时候。如果你是在写一部小说，每天都这样，那你就不会卡住了。"当然，写作并不总是那么顺利的，常常会卡住；卡住了，海明威就以不懈的努力，使作品顺利地写下去。

海明威在长期的创作生涯中，这样站着写，每天坚持几小时的紧张工作，难度是很大的。因为他是在和伤痛与病魔的斗争中坚持创作的。

第一次世界大战爆发，海明威参了军，随着汽车救护队奔赴欧洲战场，到达了意大利、奥地利战区。不到一个月，他在一次战斗中负了重伤，医生从他身上取出了二百二十七块小弹片。第二次世界大战期间，他又作为记者辗转于欧洲战场并多次负伤，健康受到了严重的损害。1954 年年初，他同妻子去东非狩猎，结果飞机两次失事，他得了脑震荡，患了视觉重叠的并发症。但是，海明威是个好强的人，精力充沛，不肯安闲，一旦走到写字台前，他就坚持他的写作惯例，孜孜不倦。他几十年如一日地写啊，写啊……他不止一次地说："我要学习写作，当个学徒，一直到死。"

劳动真快乐

冬天的一个晚上，劳德夫人和她的两个女儿坐在壁炉旁。两个女儿在缝东西，妈妈则在忙着织毛衣。

其中一个女儿凯蒂完成了自己手上的活儿，抬头看了看说："妈妈，我觉得今天的火比平时的大。我真爱听火在燃烧时发出的噼噼啪啪的声音。"

　　"我也正准备这么说呢！"另一个女儿玛丽也叫起来，"今天的灯也比昨晚的亮。"

　　"亲爱的孩子们，"妈妈说，"那一定是因为你们今天晚上比平时更快乐。也许这就是你们认为火比平时更大、灯比平时更亮的原因吧！"

　　"但是妈妈，"玛丽说，"我不明白我们现在为什么会比平时更快乐。昨晚表姐在这里和我们玩游戏，一直玩到我们都累了才结束呢。"

　　"我知道，我知道为什么！"凯蒂说，"这是因为今天晚上我们在干一些有意义的活儿。我们之所以感到更快乐，是因为我们成了有用的人。"

　　"说得很对，亲爱的。"妈妈说，"我很高兴你们两个都认识到做些事情要比单纯玩耍更令人愉快，更让人受益。"

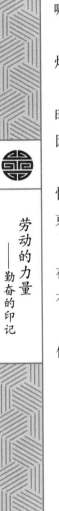

劳动的力量
——勤奋的印记

勤奋成就事业

第四章

　　李嘉诚总结自己的成功经验时说过："在20岁前，事业上的成功100%靠双手勤劳换来；20至30岁，10%靠运气好，90%仍由勤劳得来；30岁后，机会的比率渐渐提高；到现在，运气差不多要占30%~40%了。"

　　勤劳、天分、机遇对一个人的成功的影响没有定量的评判，但我们知道，这些因素都是必不可少的。其中，只有勤劳是我们每个人可以控制的，所以古今中外的伟人对勤劳多有勉励。张衡说："人生在勤，不索何获？"列宾说："灵感，不过是顽强地劳动而获得的奖赏。"

　　本章所选的一些名人故事，告诉我们成功并不能一步登天，勤劳是成功的必要条件之一。世界上有许多成功的人，在他们成功的背后，都隐含着艰辛的历程。

纪昌学射

劳动的力量
——勤奋的印记

甘蝇，中国古代有名的射箭能手。据传，只要他一拉弓，野兽便会倒下，飞鸟便会落地，简直就是箭无虚发，百发百中。

他有个学生，名叫飞卫。飞卫向甘蝇学习射箭，技艺又高过他的老师。

有个叫纪昌的人，听说飞卫射箭的本领比他的老师还要高，就慕名而来，拜师求教，要向飞卫学习射箭的本领。飞卫对他说："要学射箭，得先练基本功，就是长时间地注视一个目标，不眨眼，然后才能谈到学习射箭。"

纪昌回到家里，就躺在他妻子的织布机底下，睁大眼睛，一天从早到晚，全神贯注地注视着梭子穿来穿去。就这样两年如一日，天天坚持锻炼，纪昌练出了惊人的眼力，即使有人用锥子刺他的眼皮，他也不会眨眼睛。

于是，纪昌兴高采烈地跑去见飞卫，说他练得差不多了。飞卫一听他说完，就摇摇头说："不行啊，你的功夫还差得多，还得再继续练，直到你把那极细小的东西看得很大很大，把那很模糊的东西看得清清楚楚，到那时候你再来见我吧！"

纪昌下定决心学好射箭。他回到家，按照飞卫的要求，用一根牛尾巴毛拴住一只虱子，吊在窗口，每天望着它。奇怪的是，过了十天，虱子逐渐显得大起来了。他坚持了三年，到这时候，那只虱子在纪昌的眼睛里，竟然像车轮那样大。此时他再看其他东西，无论多么小的物件，在他看来都像小山一样。

纪昌信心十足，他拉开弓，搭上箭，稳稳一射，正好穿过虱子的中心，而牛尾毛还高高地吊在那里，没有断。

纪昌兴奋极了，于是他再去见飞卫。飞卫特别高兴，拍着他的肩膀说："你已经掌握了射箭的基本功。从现在开始，我来教你射箭的技术！"

后来，纪昌成为一名远近闻名的神箭手。

薛谭学艺

传说，战国时候，秦国有一位著名歌唱家，名叫秦青。他的歌唱水平很高，又热心于培养青年人。在他教的一批徒弟中，有个叫薛谭的，音乐素质很好，学习进步也很快。秦青常常表扬他，让他表演，叫大家向他学习，大伙也很佩服他的才能。这样一来，薛谭就有点骄傲自满了，以为把老师的本领都学会了。于是，他就编了个理由，要求停学回家。秦青一听，开始有些惊愕，犹豫了一会儿，便假意答应了他的要求。

薛谭回家那天，秦青送他出城，在郊外大路上举行了一个野餐会。席间，秦青坐在草地上，弹着琴，唱了一首悲哀的歌，表示对薛谭辞学回家的惋惜。那歌声发自肺腑，感动得在场的徒弟们泪流不止；那歌声传遍四野，振动得周围的树木似乎也在沙沙作响；那歌声冲向天空，使云朵似乎也停止了飘动。

薛谭听着老师的歌声，看着面前的情景，不由想起了老师曾经讲过的韩娥的故事。韩娥唱歌的余声，能在屋梁上回荡三天三夜，能感动得人们三天吃不下饭，能使人忘掉三天前的悲哀。此前，薛谭不相信天下会有这么高超的歌唱艺术，如今，听了老师唱的这首歌才心悦诚服，并且明白了自己还没有学会老师的本领，没有达到高深的歌唱水平。于是，他噙着两眶热泪，斟了一杯酒，恭恭敬敬地递给秦青，说："老师，您唱得太好了，值得我们学习的地方太多了。我不能走，我要跟您学一辈子！"

从此，薛谭安下心来，时时处处尊敬老师，勤学苦练，再也不提回家的事了。后来，他终于成为一名歌唱能手。

司马迁写《史记》

西汉时期，在龙门一户姓司马的人家诞生了一个男孩，父亲为男孩取名为"迁"。这个男孩长大后，就是中国历史上著名的历史学家——司马迁。

据说，周朝时，"司马"这个姓氏的人世世代代负责记载周朝的历史。后来因为动乱，司马氏世代相传的史职中断了，所以司马迁的祖辈并不显赫。但是，世代做史官的家世很值得他们感到荣耀和自豪。

汉武帝初年，司马迁的父亲司马谈开始担任太史令。太史令官阶不高，俸禄也不丰厚，但对于司马氏的家世来说，这是个非同寻常的喜讯。

后来，司马迁全家迁到京城长安附近的茂陵显武里。自幼一边种田放牛，一边努力学习的司马迁，此时有更多的机会和时间向当时聚集在长安的学者问学求教，从而积累了丰富的书本知识。

司马迁成年之后，立志继承父亲的修史事业，写出一部能传于后世的史书。旺盛的求知欲使他不满足于已经掌握的书本知识，因此他萌动了漫游的念头，打算到全国各地考察山川形势，搜集流传在人们口头上的活资料和散佚在民间的历史资料，为他今后写史做准备。

二十岁那年，司马迁背着简单的行李，独自离开长安，踏上了旅途，开始了艰苦的考察生活。

司马迁首先向陌生的南方行进。出武关后，他取道南阳，经过随枣古道，过长江亲自踏访舜帝的葬地——九嶷山。之后，司马迁来到长沙，寻访汉初文学家贾谊的旧事和资料。贾谊才气横溢，是汉文帝时代最年轻的博士。汉文帝起初十分信任他，后来周勃、灌婴不满意贾谊提出的变更仪法，文帝偏信周勃、灌婴，就疏远了贾谊，并把他派到长沙，做长沙王的老师。司马迁很同情怀才不遇的贾谊。司马迁又来到汨罗江畔，凭吊向往光明、向往统一的爱国诗人屈原。他站在江边，想到屈原抱石沉江的往事，不禁伤心地落下眼泪。后来，司马迁在《史记》中将屈原、贾谊合起来立为一传，作《屈原贾生列传》，表达他对这二位著名文学家不幸遭遇的同情，以及对他们的景仰和怀念。

而后，他折向东去，登上庐山，俯瞰茫茫的江面，考察大禹疏导九江的传说。为了探寻传说中的"禹穴"，司马迁又沿江东下，来到浙江绍兴的会稽山，凭吊大禹陵。

会稽是越国的故地，司马迁注意广泛搜集越国的史料。越王勾践卧薪尝胆、振兴越国的史实，深深地感动了司马迁。

告别会稽后，司马迁登临姑苏山。当年吴王夫差称雄吴越，骄纵声色，不可一世，渐渐疏远贤者，宠信吹牛拍马的小人，最后被越王勾践围困在姑苏山上，求和不得，欲战不能，只得在悔恨之中自杀身亡。后来，司马迁在《史记》中把越王勾践、吴王夫差描写得栩栩如生，都得益于这次实地考察。

离开吴国故地，司马迁向北来到韩信的故乡淮阴。当地还盛传着漂母教诲韩信的动人故事。在《淮阴侯列传》中，司马迁着意将这个故事写进韩信的传记中，来激励后世的青年人奋发向上。

在淮阴逗留了一段时间后，司马迁来到齐鲁故地。最使他醉心的是鲁国陬邑（今山东曲阜），这是孔子的故乡，当地的儒士常常演习礼乐，弦歌之音不绝于耳，完好地保存着孔子奉行西周礼乐制度的遗风。耳濡目染，司马迁对孔子弘扬文化的功业佩服得五体投地。他还专程去邹峄山（在今山东邹城），踏访秦始皇东巡的遗踪，辨读秦始皇在山上留下的纪功刻石——峄山刻石。他陶醉于鲁国的礼乐之风，禁不住在那里演习了一场"乡射礼"，实实在在地体验到了孔子门徒传下来的礼仪。

楚汉之争，是汉朝建立之前的重要历史事件。司马迁决定在归途中调查汉高祖刘邦及其手下的文臣武将的家世，以及他们早期的经历。在司马迁路过蕃、薛、彭城等地时，遇到了一些麻烦，吃过一些苦头。但是，这并没有动摇他漫游考察的意志，反而使他体味到了孔子困于陈、蔡之时的滋味，对他描写孔子的这段经历帮助不小。

到达沛县一带之后，他才了解到，汉朝的开国元勋，原来一个个都是贩夫走卒。在鸿门宴上救刘邦脱险的樊哙，当初是个屠户；夏侯婴是衙门里掌管养马驾车的；周勃靠编织养蚕的草具糊口；萧何与曹参，也只不过是沛县衙门里的小吏。他们当初做梦也没想到自己以后会成为汉朝的王侯公卿。司马迁了解到这些情况后，情不自禁地感慨道："王侯将相宁有种乎？"（尊贵的王侯将相难道是天生注定的吗？）后来，司马迁在撰写《史记》时，将他在沛县一带搜集来的史料都编进有关的传说中，为后人研究汉朝的历史保存了丰富的资料。

这次漫游考察，司马迁开阔了眼界，熟悉了祖国的南北地理形势和各地的风土人情、人文景观，搜集到大量闻所未闻的史料，并在民间语言中吸收了丰富的养料，为他以后写作《史记》打下了坚实的基础。

回到长安，司马迁被选拔到朝廷里，做了郎中。郎中是皇帝的侍从，职位不高，但能接近皇帝，这对他了解朝中的情况、汉武帝的性格、大臣们的才干，都十分有利。说也凑巧，不久，他又奉命视察巴蜀以南的广大地区，得以遍游少数民族居住的西南各地，沿途所见所闻，他都一一记录下来，成为他后来写史的素材和依据。

当司马迁从西南回到长安，得知父亲在周南病危时，他马上赶去看望父亲。司马谈跟从汉武帝去泰山封禅，不料行至周南染上重病，他因自己不能参与这么重大的活动而悲伤，终于卧床不起。

父亲临终前拉着司马迁的手说："自周幽王以来，四百年间，史书废衰，没有一部好的历史著作。你要记住，我们家的祖先是周朝的史官。我死后，朝廷一定会让你来继任太史令的职务，那样你就能继承祖先的事业了。希望你不要忘记我平生的志愿，写出一部记载古今历史的史书。"

司马迁俯下身，含着眼泪允诺了父亲的嘱托。

司马谈逝世后的第三年，司马迁被朝廷任命为太史令。他从此开始阅读、整理国家的藏书和档案资料，为写作《史记》做进一步的准备。

就在这时，司马迁遭遇飞来横祸。

汉武帝在前99年派将军李陵出击匈奴，李陵寡不敌众，被迫投降匈奴。消息传到朝廷，汉武帝召集群臣，讨论对李陵的惩罚。司马迁为李陵辩解，汉武帝一气之下，将司马迁逮捕入狱，处以腐刑。在封建社会，士大夫宁愿就死，也不愿接受这种羞辱人格、被天下耻笑的刑罚。但是，司马迁想到父亲临终的嘱托，想到自己作为史官的责任，是要写出一部"究天人之际，通古今之变，成一家之言"的历史著作，也就放弃了死的念头，决心忍辱负重地活下去。

顶着众人的耻笑，司马迁独居幽室，开始了勤奋的著述。他常常用古代志士仁人在困苦挫折中发愤著述而流芳百世的事迹激励自己。

周文王被关在羑里（今河南汤阴北），演出了《周易》；孔子困厄于陈、蔡，写出了《春秋》；屈原遭到放逐，才有《离骚》；左丘明双目失明后，写出了《国语》；孙膑被剜去膝盖骨，才写出了《兵法》。

在孤独和悲愤之中，司马迁著史的意志越来越坚定。他订出写作的体例和计划，网罗天下的旧闻，详细考证古代的人物、制度，总结王朝兴衰成败的规律，日复一日，月复一月，年复一年地秉笔直书。

有一段时间，汉武帝又任命他为中书令。但是，对于汉武帝的宠信，他没有丝毫的宽慰和喜悦，耻辱感仍然像阴影一样缠绕着他，支撑他顽强地活下去的事情只有《史记》的写作。

汉武帝末年，司马迁终于完成了《史记》的写作。

这部著作写好以后，过了好些年才公布于世，最初称作《太史公书》，后来定名为《史记》。这是中国历史上第一部内容翔实、资料丰富的纪传体通史，记载了从传说中的黄帝到汉武帝约三千年间的历史，共计一百三十篇。

《史记》不仅在史学上享有崇高的地位，而且由于它的语言生动活泼，对历史人物和情节的描写生动形象，它在文学史上的地位也十分重要。

司马迁不仅尽到了史官的职责，而且为中国的史学、文学做出了特殊的贡献。1956年，司马迁被列为世界文化名人，受到各国人民的景仰。

司马迁忍受着奇耻大辱，完成了《史记》的撰写，是什么力量在激励着他？是他父亲的嘱托，是他自己平生的志向，更是他作为一名史官的责任心！

司马迁在逆境中写作时，常常以古代圣贤的动人事迹鞭策自己。而在今天，司马迁恪守史官职责的故事对我们同样有着启迪作用。

董遇"三余"读书

董遇，字季直，为人朴实敦厚，从小勤奋好学。汉献帝兴平年间，关中地区兵荒马乱，董遇和他的哥哥在故乡无法生活，只得离乡背井，投奔朋友。

找到歇脚的地方以后，董遇弟兄俩便采集野生谷物，背到街上卖钱，以维持生活。尽管条件如此艰苦，可是董遇仍然没有放弃学习，每次出门，总是带着书本，稍有空闲，就拿出来诵读。他的哥哥常常讥笑他，董遇对此毫不在乎，照常见缝插针，刻苦自学。

董遇一面靠自己的劳动维持生活，一面靠自学掌握了丰富的知识。他精通《老子》，替它作了训注；对《左传》也颇有研究，写成了《朱墨别异》。当时一些读书人慕名而来，请教他有什么读书的诀窍。他总是告诉人家说："一定要先熟读书，将它读一百遍！"

他的体会是："读书百遍，其义自见。"请教的人讲："苦就苦在没有时间读书。"董遇便说："应当利用'三余'。"人家问他："'三余'是什么意思？"董遇解释说："冬天，是一年里的空余时间；晚上，是一天的空余时间；阴雨天，是临时的空余时间。"

董遇这个生长在战争离乱年代的穷苦人，就是由于善于利用时间，刻苦钻研，终于成了三国时期的著名学者。

郦道元和《水经注》

自三峡七百里中，两岸连山，略无阙处。重岩叠嶂，隐天蔽日，自非亭午夜分，不见曦月。

至于夏水襄陵，沿溯阻绝。或王命急宣，有时朝发白帝，暮到江陵，其间千二百里，虽乘奔御风，不以疾也。

春冬之时，则素湍绿潭，回清倒影，绝巘多生怪柏，悬泉瀑布，飞漱其间，清荣峻茂，良多趣味。

每至晴初霜旦，林寒涧肃，常有高猿长啸，属引凄异，空谷传响，哀转久绝。故渔者歌曰："巴东三峡巫峡长，猿鸣三声泪沾裳。"

这是一篇描写长江三峡地理风光的优美散文，出自古代地理学著作《水经注》，作者是北魏著名学者郦道元。

郦道元，字善长，范阳涿县（今河北涿州）人。他的祖父曾经担任天水太守。父亲郦范，在北魏时任平东将军、青州刺史。郦道元从小跟随父亲转徙各地，父亲刚正不阿、办事认真的作风对他影响很大，使他也成长为正直无私的人。

父亲死后，朝廷让他继承父亲的爵位，又任命他为御史中尉，负责纠察失职、枉法的官吏。郦道元执法严厉，不徇私情，得罪了许多达官贵人、皇亲国戚，朝廷便把他派到地方上做官，他依然"威猛为政"，盗贼都不敢在他管辖的范围内活动而逃往外地。这引起了其他地方官的不满，指责他是"酷吏"。

郦道元对朝廷的忠诚、办事的公正和认真，不但没有得到理解和支持，反而使他受到排斥。他自己有些心灰意冷，不再像以前那样认真管事。这样，空闲的时间很多，他又不愿意白白地浪费宝贵的光阴，于是萌发了著述的念头。

郦道元从小就喜爱自然山川的风光景物，父亲每到一个地方做官，都带他游览山川名胜，在少年时代，他就游遍了山东。长大之后，他喜好游览。在做官以后，每到一个地方，他都要游览名胜古迹，留心勘察山川地理形势，弄清每座山的方位、高度，每条河的源流，什么时候发生过山崩、地震、河水改道及水灾旱灾，他都一一记录下来。甚至连老百姓口头上流传的故事，他也注意收集。

官场险恶，郦道元不断遭到排挤，官职也在不断变动。因此，郦道元到过许多地方，勘察的足迹遍及今天的内蒙古、河南、河北、山东、山西、安徽、江苏等广大地区。所以，郦道元对于地理学有非常丰富的感性知识。

郦道元还爱好读奇书，例如《山海经》《禹贡》《禹本纪》《水经》这类书。当时读书人是不读这些书的，因为做官并不需要这方面的知识，写文章也用不上，一般人也读不懂。郦道元平时就爱留心山川地理，所以爱读这类书，常常一边读，一边批注。

他渐渐发现，古书上关于地理位置的记载有许多互相矛盾的地方，有的说得也不够具体。这增强了他对地理学的兴趣。于是，他扩大了自己游历的范围，并且积累了数十万字的考察资料，决心写出一部地理学专著。

当时，郦道元读过一部名叫《水经》的书。这部书专门研究河流水道，共记述了全国一百三十七条主要的河流。他很喜爱这部书，而且读了许多遍，因为读这部书使他有一种坐游名山大川的享受。可惜《水经》的原文只有一万余字，相当简略。经过反复的考虑，他决定以这部书记述的河流作为自己著述的线索，用为古人作注的写作体裁来完成自己的地理学著作，引起人们对《水经》这部书的重视。

郦道元把多年来记录的考察资料按《水经》的结构框架分门别类，发现自己收集的资料已经远远超出了《水经》记述河流水道的范围。这该怎么办？是舍去还是收录呢？如果舍去，写作起来很方便，也很单一，只需一年时间就可以将为《水经》作注的工作完成。郦道元觉得这样做没有多大的学术价值，既然要写出一部前无古人的著作，就不能受《水经》只记录河流水道的限制。他想：把河流流经的山脉、气候、土壤、物产、城邑的沿革和居民聚落的兴衰都写进注文中，这部书供后人参考和研究的价值不是更高吗？

郦道元写《水经注》时，白天到官署办公，处理公文事务，晚上在一盏青灯前伏案著述，每天都写到午夜过后才罢休。他一天一天地消瘦了，劲头却一天比一天足。

就在这时，妻子从家乡来探望他，见他面黄肌瘦，十分心疼，就对他劝告了一番："你也应该保重身体。你要是有个三长两短，我和儿子依靠谁呀？"

郦道元一听，十分恼火。他生来脾气火爆，现在又写在兴头上，哪里听得进去，不耐烦地说："你看不顺眼，还是回老家去吧，儿子由我来养！"妻子一气之下，留下儿子就走了。

过了两年，北方水系的写作基本完成。北方的山川地理、风物人情，他曾亲身游历，十分熟悉，写起来也很顺手。但是，有些地方他未曾去过，特别是江南的许多水系。当时南北两个政权对峙，他没有办法去南方做实地考察。为了解决这个难题，他放慢了写作的速度，用心搜罗南方的地理著作，查阅古代的典籍，并且找来官府的地形图，一个水系一个水系地仔细推敲、考证研究。此外，他亲自走访从南方来的商人、文士，询问南方的地理情况，结合对文献的研究，认为确有把握的知识才写进书里。

在《水经注》的写作过程中，郦道元参考的古书有四百多种，直接引用的古书也有三百余种。

《水经注》全书共四十卷，是中国古代地理学巨著。全书记述了一千二百五十二条河流，不仅详细叙述了河流的发源地点、流经地区、支流的分布以及河道变迁，而且将每条河流流域内的地质、地貌、土壤、气候、物产、民俗、城邑、历史古迹以及神话传说等都综合在一起，作了全面的描述。因此，《水经注》的科学价值不仅体现在地理学方面，其中许多资料对于研究古代的地质地貌、经济地理、水利工程建设、城市的沿革和演变也都具有十分重要的意义。

郦道元的文笔格外优美，特别是对自然风光的描写。像《三峡》之类的精彩章节，在《水经注》中比比皆是。因此，《水经注》又是一部独具特色的山水游记。

郦道元花费心血撰写的《水经注》，不仅是自然科学方面的巨著，同时也是人文科学方面的宝贵文献。

郦道元是在逆境中开始著述的，他把著述当作自己的事业。他为后人留下了一笔宝贵的文化遗产，没有虚度自己的一生。

音乐家万宝常

中国历史上的南北朝是个战争频繁的时代。到了南北朝末期，南方有陈朝，北方是北齐与北周对峙。

万宝常四五岁时，跟随父亲渡江北上，归附了北齐。当时，北齐有一位中书侍郎叫祖珽，他除了帮助皇帝处理国家大事之外，还是一个天才音乐家。他的遭遇十分坎坷，曾两次被发配为流囚，两眼还被人熏瞎了。万宝常很早就显露出音乐方面的天赋，八九岁时，一个偶然的机会使他能从师祖珽学习音乐，学习演奏各种乐器。从此，一位天才盲人音乐家怀着对音乐的挚爱，日复一日地教导着一位聪颖好学的童子，使这棵音乐天才的幼苗在古代音乐的土壤上扎下了根，一天天茁壮成长。

但是，巨大的不幸降临了。万宝常的父亲图谋逃回江南，事情败露后被杀害了。万宝常也受到牵连，因他有音乐才能，被发配为乐户，成为卑贱的、没有人生自由的乐工。这种身份与奴隶几乎没有差别。万宝常从此失去亲人，失去故乡，孤独地在异乡过着奴隶生活。

然而他的音乐才能却没有因此而湮灭。也许是艰难育成了他，被剥夺人权的他，只有音乐可以凭借，可以系念，于是他把全部精力倾注在音乐上。几年之后，他已经通晓音乐知识，能够娴熟地演奏各种乐器，成为一个难得的音乐人才。

这时的万宝常已经不仅仅是一个手持笙箫列于队中为皇帝和百官演奏的一般乐工了。他还为北齐宫廷制造了精美的玉磬，成为宫

劳动的力量
——勤奋的印记

廷演奏时必不可少的主要乐器之一。他师承祖氏家学，祖珽的父亲祖莹做过北魏的太常卿，主持宫廷音乐的创作，万宝常将这些音乐加以整理，称为"洛阳旧曲"。洛阳是北魏的都城，流行于洛阳一带的乐曲，将西北少数民族胡乐与中原华夏雅乐融为一体，风格独特。

一天，万宝常与几个同行一边吃饭，一边讨论音乐曲调。谈到高兴之处，万宝常看看面前的杯盘碗盏，便随手拿起竹筷敲击起来，那些杯盘碗盏立刻传出抑扬顿挫的旋律，不亚于弦乐之妙，而且奏出来的就是刚才讨论到的曲调。众人大为赞叹，一时传为佳话，万宝常也因此得到"知音"的美誉。

正当万宝常艺臻成熟之时，中国历史上又经历了一次重要的改朝换代——杨坚建立隋朝，一百多年的南北朝分裂局面结束了，天下重又归于统一。斗转星移，换了人间。可是，万宝常的身份却没有丝毫的变动，仍然是一名乐工，一个奴隶。

为了适应新形势的需要，隋文帝杨坚召集郑译、苏夔、何妥等一批高级官吏，着手整顿宫廷音乐，准备颁发新的律制。哪知这些人各立朋党，争论不休，几年过去了，始终没有结果。原因不仅在于这些人缺少音乐知识而引起的纠葛，还在于他们都想借制定新律的机会为自己争得政治权力。

万宝常虽然这时不过是一名低贱的乐工，但是他在音乐上的才华使得大臣、宰相，乃至天子都不能忽视他，所以每次议乐都要传唤他参加，征求他的意见。

在参加议乐的人中，一派以郑译为代表，极力推崇胡乐，以胡乐的音律为正，斥汉晋以来的音律为乖戾；一派以苏夔为代表，引经据典地认为只能有宫、商、角、徵、羽五音，不赞成学习胡乐音律。多年在音乐王国里遨游的万宝常，深知雅乐与胡乐各自的精华

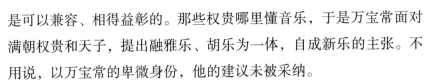

是可以兼容、相得益彰的。那些权贵哪里懂音乐，于是万宝常面对满朝权贵和天子，提出融雅乐、胡乐为一体，自成新乐的主张。不用说，以万宝常的卑微身份，他的建议未被采纳。

尽管如此，万宝常从未放弃他对音乐的执着追求。一次，郑译制成乐曲奏上，隋文帝询问万宝常："此曲如何？"

"此亡国之音，难道陛下应该听这种音乐吗？"万宝常毫不客气地回答。

隋文帝听后很不高兴。万宝常便将自己多年钻研的结果禀报隋文帝，说明这种音乐"哀怨淫放，非雅正之音"，并要求以水尺为律来调制乐器。隋文帝下诏允许他去做。

万宝常接旨后，将他的音乐理论付诸实践，制造了多种乐器。试弹奏这些乐器时，乐曲婉转流畅，耳闻目睹者莫不惊叹，于是人们纷纷仿效，改造了不少乐器。用这些乐器弹奏出来的乐曲，声音雅淡、清远，效果极佳。

可是，宫廷中主管音乐的太常卿等人却很不喜欢，极言诋毁、贬斥。所以，隋朝的宫廷乐制中既未采纳他的意见，也未对他的卑贱地位稍予改善。他倾注毕生心血所造成的乐器终为权贵们所忌而闲置不用，而他自己在劳瘁之余更加悲愤，而后因贫病交迫而死。死前，他愤然烧掉自己的全部著作——六十四卷《乐谱》，书里记载着他承继前人、又独树一帜的乐律理论。万宝常用自己的死表示了对那些忌妒他、摧毁他，使他一生陷于奴隶境遇而不肯让他扬眉吐气的权贵们的抗议，也用自己的死捍卫了音乐的纯洁。

万宝常所制定的宫廷乐器对后世的俗乐产生了深远的影响。他的律学理论到了唐代，为祖孝孙所恢复，在唐代丰富、绚丽的音乐艺术的春天里，有万宝常播下的种子在发芽、生长。

在逆境中，万宝常把音乐看成是生活的养分，是人生的全部内容，是自由的象征。他的肉体与精神的存在，都只是为了音乐。沦为乐户是强加的，献身音乐事业则是自愿的。因此，可以说，万宝常把自己造就成为一个音乐家，并为中国古代乐律、乐器的改进做出了重要贡献。如果他自暴自弃，那么他永远只能是一个乐工而已。

勤奋好学的张遂

唐朝时期，长安城内有个元都观，观里有个很有学问的道士。这个道士有很多藏书，有一段时间，有个叫张遂的少年天天到观里来借阅藏书。那个少年看起书来，常常连饭都忘了吃。道士很喜欢这个勤奋刻苦的少年，常对周围的人说："这孩子定会有大出息。"

由于不间断的学习和思考，张遂年轻时就在天文历法方面有了很深的造诣，在京城长安颇有名气。武则天做皇帝后，她的侄子武三思当了大官。武三思野心勃勃，企图独揽朝政，但又苦于自己不学无术。他听说张遂很有学问，就想拉拢他，想让他为自己观测天象，预测吉凶。张遂十分讨厌武三思这种权贵，不想和这种人交往，就到河南嵩山的嵩阳寺，削去头发做了和尚，法名"一行"。

在僻静的嵩阳寺，一行不受干扰，更加专心致志地研究天文学。天文学需要大量的数学知识，一行遍访学者，拜浙江天台山的一个和尚为师，学习数学。后来，他又辗转到湖北当阳的玉泉山，继续研究天文。

唐玄宗即位后，派人把一行请进京来，主持修订新历法。一行认为，历法与老百姓的生产、生活有密切关系，于是就答应了。

为编新历法，一行做了大量的观测研究工作，带领一班人马在全国十三个地方测量春分、夏至、秋分、冬至那几天中午的日影长度，和天文仪器制造家梁令瓒一起设计制造了黄道游仪，以测定太阳在宇宙中运动的轨道和其他星辰的运行情况，前后花了好些年才编出了新历法的草稿。而在新历法实施时，一行由于过度劳累去世了。

怀素的秃笔冢

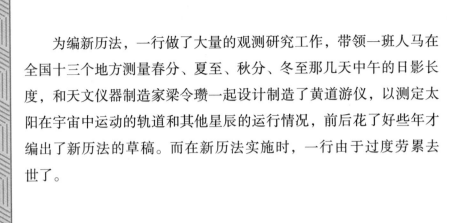

几位邻村行人路过怀素的家门口，不禁吓了一大跳：房子旁边的空地上添了一座高高的新坟。

到底是谁死了呢？怎么没有听到噩耗呀？行人纳闷起来。可是仔细一瞧，又觉得有些不对头，坟前既没有上香烧纸，也不见有物品供奉，大概坟里埋的不是死人吧？那埋的又是什么呢？行人更觉得奇怪了。

他们将怀素喊出来，指着新坟问道："那是怎么回事？"

怀素听了笑着说："啊，你们问这个？里头埋的是一堆秃笔。"

秃笔？怀素怎么会有那么多秃笔呢？

原来怀素是个书法爱好者，自幼就喜欢练字，那劲头大得惊人，他常常从早写到晚，忘记吃饭，顾不上休息，可他从来都不觉得累。他感到苦恼的只是家里太穷，买不起纸张。他往往正写到兴头上，却没有纸了，不得不停下笔来。这心情就像一位正在勇追穷寇的猛士，突然接到撤退的命令时一样难受。

一天，怀素又没有纸了，他颓丧地倚在门口发呆。忽然一阵微风吹过，传来一片"沙沙"的声音，这是房子周围的芭蕉树叶被风拂动时发出的声响。怀素的眼睛突然一亮，心里萌生了一个好主意：那芭蕉叶又阔又大，不正是天然的纸张嘛！他飞快地跑到芭蕉树下，摘了一片芭蕉叶，拿回家提笔写字，果然成功了。芭蕉叶可以当纸，这的确解决了怀素的一个大问题。

可是，天长日久，芭蕉叶也被怀素写光了。面临着新的纸张危机，怀素又想出一个好办法来。他找了一块质地坚硬的大木板，将其刨得平平整整的，涂上油漆，然后在板上写字。这木板有一个很大的优点，写完了用湿布一擦，又可重写。就这样写了擦，擦了写，年头一多，木板中间竟然磨穿了。

木板都写穿了，怀素写秃的笔就更是不计其数。他写秃一支支就往墙角一抛，这样一支一支的越积越多，堆得像座小山，怀素就把这些笔埋了起来，成为"笔冢"。

怀素是唐朝人，他的那个笔冢恐怕早就无处寻觅了，但是他精湛的书法真迹至今还能看得见，如《自叙帖》。他的草书超群出众，不仅在唐代书法家中名列前茅，而且千古流传，对后世的书法家产生过很大的影响。

常言道："只要功夫深，铁杵磨成针。"怀素练字，以至于秃笔成冢，可见确实是下了"铁杵成针"的功夫。

柳公权练字

如果有谁认为，一些著名的大书法家都一定有超人的天赋或经名师指点，否则便不会写出好字来，那恐怕就错了。我国唐代杰出的书法家柳公权（778—865年）有一个练字的动人故事，或许能帮助我们得出答案。

柳公权小时候字写得并不好，因而常受到先生和父亲的训斥。但他是个争强好胜的孩子，于是下定决心要把字练好。经过一年多的勤学苦练，他写的字果然有了长进，与村里同龄孩子相比，还算拔尖的。这时，人们的赞扬声逐渐多了起来，柳公权也开始有些飘飘然，有时还在别人面前炫耀一番。

一天，柳公权和几个小伙伴在村旁的大树下摆了一张方桌，举行"书会"。大家约定每人写一篇正楷，然后相互比较观摩，评出最佳作品。柳公权很快就完成了自己的作品，心中很是得意。正在这时，有个卖豆腐脑的老人走来，他放下担子过来观看。柳公权带着得意的神情把自己写的字递给老人，说道："老爷爷，请您看看我写得怎么样。"

老人接过来一看，只见上面写着："会写飞凤家，敢在人前夸。"老人心想，这个孩子可太骄傲了，就直率地对柳公权说："孩子，你这字我看写得不怎么样。就像我卖的豆腐脑，无筋无骨，有形无体，没什么值得在人前夸耀的地方。"

柳公权听了老人的话后，如同当头被泼下一盆冷水，就愤愤地说："你有本事就写几个字给我们瞧瞧！"

老人平心静气地说："不敢当，我是个粗人。若要请教，不如去四十里外的华原城，那里有个用脚写字的人，比你写的字强多了。"

柳公权见这老人态度和蔼，说话诚恳，便决定亲自去拜访那个用脚写字的人。

第二天，他一早就启程了。当他进入华原城寿门时，远远望见北街一棵大槐树下挂着一张白布幌子，上面写着"字画汤"三个苍

劳动的力量
——勤奋的印记

劲有力的大字。柳公权连忙挤入围观人群，只见一个又黑又瘦的老人，没有双臂，赤着双脚坐在地上，用左脚压住铺在地上的纸，右脚夹着一支大笔，挥洒自如地写着。他运笔如神，笔下字迹龙飞凤舞。柳公权看到此景，十分仰慕，便一下跪在老人面前说："请收下我这个徒弟吧！"并请求老人传授他写字的秘诀。

老人起初不肯，但见柳公权眼中含着泪花，苦苦哀求，就被打动了，于是当场用脚写下两行字：

写尽八缸水，砚染涝池黑，

博取百家长，始得龙凤飞。

接着，老人说："这就是我练字的秘诀。我从小练字，至今已有五十多个年头了。我磨墨练字用尽了八大缸水，我家一个近半亩地的涝池，因我天天在那儿洗笔砚，满池水染得乌黑，可是我的字还差得远呢！"

柳公权牢记老人的话，从此发愤苦练写字。手上磨起了一层层厚茧，衣袖磨破了又补。他取百家之长：颜体的清劲丰满，欧体的开朗大方，还有那无臂老人写的字的豪放潇洒。柳公权还到大自然中去观察、思考、体验，将大自然中的大雁、游鱼、麋鹿、骏马的各种优美形态，也都融会于他的字迹之中。经过多年努力，他终于成为唐代著名书法家。

柳公权的书法自成一体，独具风格，尤以正楷著名，为后人留下许多书碑墨迹。许多人临摹的《玄秘塔碑》就是他的代表作。此外，他的《金刚经》《神策军碑》都是传世佳品。

颜真卿受责悟"秘诀"

颜真卿是唐代大书法家。他写的字端庄雄伟、气势开张，为历代书法评论家所推崇。他写的字"点如坠石，画如夏云，钩如屈金，戈如发弩""千变万化，各具一体"。但颜真卿的成名，却是经历过一番曲折的。

颜真卿幼时就酷爱练字，他特别仰慕当时的知名书法家张旭，很希望得到张旭的指教。后来，颜真卿就投到张旭门下学习书法，他以为在名师的指点下，自己很快就能得到"诀窍"，一举成名。但事实并非如此。他拜师已有数月，老师却一直不肯透露半点书法秘诀，只是反复强调要专心领悟自然万象，接受启发，要他勤学苦练；再就是给他介绍一些名家字帖，偶尔指点一下字帖的特点。这种情况使得年轻的颜真卿大失所望。

日子一天天过去，颜真卿练字长进不大，但肚子里的怨气却越积越多。他决定直接对老师提出自己的要求。

这一天，颜真卿见老师正在专心致志地练字，就壮着胆子走上前叫了声："老师！"张旭听见喊声，抬起头来，见是自己的学生颜真卿立在面前，似有话要说，于是就放下笔，和蔼地问道："有什么事吗？"颜真卿红着脸说："学生练字已有数月之久，可是长进不大，请老师传授一点写字的秘诀给我吧！"听了这话，张旭又好气又好笑，耐心地回答说："我并没有什么秘诀啊！学习书法和做其他事情一样，你没听说过吗？要想取得成绩，必须下苦功夫，勤学多练；再则还要善于观察和思考，我学习草书，就曾从公孙大娘舞

劳动的力量
——勤奋的印记

剑的姿势中得到不少启发。"对于老师的这番开导，颜真卿已多次聆听，他只看成是老师的推托之辞，于是更向前一步，继续苦苦哀求。张旭见这个学生根本听不进自己的话，只是异想天开地要学什么秘诀，心里十分不悦。他沉下脸来说："好吧，我告诉你秘诀！凡是不肯下苦功夫，而一心寻求诀窍的人，是不会取得任何成就的。"说完，张旭又继续埋头写自己的字。

据说，颜真卿正是由于受到张旭的这次责备，才开始发奋刻苦，走上成名的道路的。

李贺荒野呕心觅诗句

长安郊外的一片乱坟岗上，晚风萧瑟，几只暮鸦站在枯枝上"哇哇"哀鸣，路上人迹杳然。

只有诗人李贺一个人在这乱坟岗里转来转去，他在寻觅诗句呢！李贺的作品驰骋奇想，别出心裁。他创作时特别注重独创性，为了搜集素材，他经常背着个锦囊早出晚归，骑着一头驴子游历在荒郊野外，留心观察各种各样的事物，以捕捉灵感。一旦触景生情想出一个好句子，就立即扯一张纸条记上，然后投入背上的锦囊之中。晚上回到家里，再把锦囊中的纸条倒出来，分门别类加以整理，写成一首首诗。

李贺如此呕心沥血地进行创作，终于成为了我国文学史上的一位奇才。

李阳冰寝卧观"碧落"

李阳冰，唐朝著名书法家。唐肃宗李亨乾元时为缙云县令，官至将作少监。李阳冰善写篆书，平时除了埋头于蝌蚪书（汉末发现于孔子古宅的墙壁中，字体头粗尾细，形似蝌蚪）和《峄山刻石》的临摹外，更留意古迹名胜中的碑刻题额。

有一次，李阳冰到今山西新绛，有位老翁告诉他，县内龙兴寺里有一块立于唐高宗时期的石碑，没有记载书写人的姓名，上面的篆字与古不同，颇为怪异，其中"碧落"两字尤其清晰，因此人们都叫它"碧落碑"。李阳冰听了后，立即跑到那里，在一座雕像背后的墙壁上找到了这块古碑。碑上的文字奇妙古奥，像磁铁一般吸引着李阳冰。他横看竖看，越看越有味。腿脚站得酸了，就坐在地上看，还是看不够。这时傍晚来临，门外下起了滂沱大雨，寺内拈香磕头者先后避散，紧接着一阵关门声传来。但李阳冰却仍两耳不闻寺中事，一心只读碑上字。

过了一会儿，天色渐暗，李阳冰知道时候已经不早了，就起身要走，这才发现寺门已紧闭并上了锁，于是他急忙东呼西喊，求救于人，才把寺门打开。

李阳冰出了龙兴寺，书兴仍浓，连晚上做梦也惊呼"碧落"。第二天一早，他索性带着行李寝卧于"碧落碑"下观赏，一连几天都舍不得离开。这几天的细心揣摩对他帮助很大，他的篆书水平也大大提高，成为自李斯以来篆书写得最好的书法家之一。他的篆书变化开合、毫骏墨劲，时人称之为"笔虎"。李白的《献从叔当涂

劳动的力量
——勤奋的印记

114

宰阳冰》中有"吾家有季父，杰出圣代英""落笔洒篆文，崩云使人惊"，可以看出李白对李阳冰的篆书也很称扬。当时，颜真卿以书法闻名于世，他书写的碑版大多由李阳冰题额。

范仲淹吃粥苦读成才

位于湖南岳阳城西、濒临洞庭湖的岳阳楼，为"江南三大名楼"之一。岳阳楼之所以享有盛名，和那篇世代传诵的《岳阳楼记》密不可分。提起文中的名句"先天下之忧而忧，后天下之乐而乐"，又有谁不知道呢？

这篇名文的作者范仲淹（989—1052年），字希文，苏州吴县（今江苏苏州）人。他出身贫苦，幼年丧父，母亲后来改嫁，但他志向远大，常"以天下为己任"。大中祥符年间中进士，官至枢密副使、参知政事。宋仁宗时，他率兵镇守延州，抵御西夏，西夏人不敢进犯。在我国历史上，范仲淹是一位开明、正直、清廉的贤臣，他忧国忧民，主张革除积弊、改良政治。在参知政事任上，他曾提出均田赋、修武备、减徭役、择长官等十项建议，可惜因遭到保守派的反对而未能实施。

范仲淹十几岁时，借住在醴泉寺中，昼夜苦读。他的伙食又怎样呢？他每天煮上一锅稠粥，凝冻以后，用刀切成四块，早晚各吃两块，菜蔬也只是咸菜。

后来，他为了开阔眼界，独自一人身背书籍，来到南都应天府（治今河南商丘南），进了著名的南都学舍。

他的学习条件改善了，但吃的仍是粥和咸菜。他的一个同窗是当地官员的儿子，在家中向父亲提起范仲淹刻苦读书但一天只吃两顿粥的事情。那位官员很受感动，就叫儿子把厨房中好吃的东西拿去送给范仲淹。

但是几天之后，那个同窗发现，他送去的饭食都原封未动，有的都腐烂变质了，心中十分不解，就问范仲淹："家父听说你清贫刻苦，特让我送东西给你吃。你却不肯动筷，是不是你误会了我们的一片好意呢？"

范仲淹连忙回答说："哪里，哪里，对你们的好意我由衷地感谢。但我只能心领，万万不能去吃。我已经习惯吃粥，如果现在享受这些美味佳肴，以后我还能吃得下粥和咸菜吗？请你务必向令尊大人解释清楚。"

又过了些时候，范仲淹穷得连一天两顿粥都吃不上了，只在傍晚时分喝一点稀饭。但他仍不改初衷，坚持昼夜苦读，五年之内，竟然不曾脱衣睡觉。

可以说，没有青少年时期的这番艰苦奋斗，范仲淹是不会有日后的成就的。

司马光写《资治通鉴》

1066 年，北宋都城开封。

深夜，万籁俱寂，时而刮起一阵寒风。城北的一处官署靠北的书房里还亮着灯。灯下，龙图阁直学士司马光正在一丝不苟地书写着。他不时地放下笔，搓一搓冻僵的手。看得出，他很兴奋，没有一丝倦意。

远处传来报时的鼓声，已经三更了。他放下笔，将誊清的书稿整理了一下，又凑到灯前读起来……天一亮，他就要将写好的八卷《通志》献给宋英宗阅览。

司马光在宋仁宗时期就计划写一部编年体通史，并为此做了大量准备。宋英宗即位后，司马光任龙图阁直学士，为皇帝讲经读史。司马光开始编写《通志》，他把战国至秦二世这一历史时期的重大事情按事件发生的先后次序编排起来，日以继夜地秉笔疾书。不到半年功夫，他就写好了这八卷《通志》。

宋英宗得到《通志》后，很快就把它读完了，觉得读起来很方便，历史发展的线索很清楚，又容易记住。

宋英宗对司马光说："你编一部《历代君臣事迹》吧，我给你提供一切条件。"宋英宗觉得司马光一人编写上自三皇五帝、下迄五代的几千年历史太吃力、太慢，又马上下了一道诏书：在崇文院设置编书局，由司马光主持编书局的工作，并允许编书局借阅龙图阁、天章阁和秘阁的一切藏书和资料。此外，宋英宗让司马光自己选择编书的助手，由朝廷按月给笔墨纸砚和果饵钱。

司马光十分愉快地接受了这个任务，他马上聘请了自己熟悉和信任的四位学者，并将龙图阁、天章阁和秘阁里收藏的大量史书转移到编书局，以"鉴前世之兴衰，考当今之得失"为编撰的宗旨，正式开始编写《历代君臣事迹》。

司马光让四位学者每人负责一个朝代，先把前朝正史、杂史上的史事，按照帝王在位的年月，一条一条地摘录下来，按年月汇编在一起，叫作"长编"。然后，学者们把"长编"交给司马光，由司马光进行时间、史实的考订，删繁取要，再编成有系统、有体例、有组织的史书。

编书局成立的前四年里，司马光白天忙于政务，只能利用晚上的时间编书。

宋英宗体弱多病，当了几年皇帝就去世了，之后宋神宗继位。宋神宗深知司马光的才干，任命他为翰林学士，司马光担心影响编书，再三推辞，但没能辞掉。

一次，宋神宗问起编书的进展情况，司马光便将已经写好的书稿呈给宋神宗。

宋神宗读完书稿，认为这部书"鉴于往事，有资于治道"，于是赐名"《资治通鉴》"。

不久，宋神宗亲自写好一篇序交给司马光，并要求司马光时常呈送写好的书稿给他阅览。

宋神宗是一位想励精图治、有所作为的皇帝。他重用王安石，采纳了王安石提出的许多改革主张。同时，宋神宗也十分赏识司马光的才干，决定任命他为枢密副使，主管全国的军事。

司马光在政治观点上反对王安石的改革，不愿意出任这一职位，另外，他打算离朝堂远一些，把精力和时间投到编书局的编书工作中去。因此，司马光几次上奏章给宋神宗，婉言推辞这个职务，弄得宋神宗很不高兴。最后，司马光不得不请求离京，出知永兴军（治今陕西西安），次年退居洛阳。

司马光来到洛阳，在那里安下身来。宋神宗允许司马光把编书局也搬到洛阳，便于他著述。司马光从此专心编书，闭口不谈政治。

司马光的威望和名声很大，农夫野老、妇女小孩都知道他，称他为"司马相公"。他刚到洛阳的那一段时间，每天总有人上门拜访他。来访者中，有的是当时的名士学者，有的是地方官吏，还有一些被王安石撤职或降职的大臣，也到他这里来诉苦，发牢骚。

起初，司马光对来访者都以礼相待，而后他渐渐发现，宝贵的

劳动的力量
——勤奋的印记

时间不知不觉地浪费了，他后悔不已。

"再也不能没完没了地接待客人了！"司马光暗暗提醒自己。

于是，司马光住处的门上贴了一张告示，上面写道："司马光启：受先帝遗命，编纂史志，不敢稍息。自今而后，凡来访者，恕不款待，专此敬告。"

此后，司马光与范祖禹、刘恕、刘攽等人专心撰写《资治通鉴》，再没有人来打扰了。

司马光自来洛阳，编书工作很清苦，他住的房间里生活用具非常简单：一张木板床、一条粗布被子和一个枕头。他睡的枕头很特别，是用一根圆木做成的。只要他一翻身，枕头便滚到地上，他便惊醒了，于是立刻起床，抓紧时间著书。他担心自己有生之年不能把书编写出来。

司马光每隔一段时间就送一部分书稿给宋神宗阅读，宋神宗每次收到书稿，像着了魔似的，废寝忘食地读。他写信给司马光说："写得很好，水平远远超过了荀悦的《汉纪》，但要抓紧时间编纂，尽早将《资治通鉴》编成。"

宋神宗还将自己当颍王时收藏的二千四百卷书赐给司马光，并派专使将其送到洛阳。司马光得到这些古书，劲头更足了。

1082年，司马光劳累过度，忽然病倒了，躺在床上说不出话来。司马光以为自己重病在身，死到临头了，便写一份奏章，准备托人在自己死后呈交给宋神宗。奏章中没有提及个人家庭私事和要求，说的全是编书局的公务。另外，司马光还在奏章中推荐了自己的继任者。

过了半个月，司马光渐渐好转，能下床活动了。他又急着伏案写作，范祖禹等人劝他安心休养一段时间，司马光执意不肯。

这次生病对司马光震动很大，他想：自己一生所剩的时间不多了，朝不保夕，不抓紧时间把《资治通鉴》编成，万一有个三长两短，十七年的心血将付之东流。所以，他不顾朋友的劝阻，支撑着虚弱的身体，又日以继夜地工作起来。

1084年，《资治通鉴》全部脱稿。司马光将誊清的书稿呈给宋神宗，从而完成了中国历史上第一部编年体通史。这部书正文二百九十四卷，考异、目录各三十卷，记载了一千三百六十二年的历史。有人发现，在司马光洛阳的家中，光存放编写《资治通鉴》过程中废弃的书稿，就堆满了两间大屋。

司马光在完成《资治通鉴》的第三个年头（1086年），就与世长辞了。司马光写《资治通鉴》，前后达十九年之久。十九年间，他在责任心驱使下，闭门著书，甚至可以说是把自己的生命都奉献给了这项事业。责任心，历史上千千万万有作为的志士仁人都具有这样的品质，这种品质使人类文明得以发展、进步。

劳动的力量
——勤奋的印记

沈括的科学研究

北宋治平年间，年轻的沈括奉命在京城昭文馆里担任图书编校工作。当时，很多校书郎只是敷衍一下每天的校书数量，其他时间就去饮酒赋诗。而沈括一面认真校书，一面开始对天文学产生兴趣。于是，他便利用昭文馆较清闲的条件，开始自学天文历法。

昭文馆相当于现在的国家图书馆，藏书十分丰富。在这里，沈括阅读了许多天文学方面的著作。他把《尚书》《诗经》《春秋》《左传》《国语》这些儒家经典中有关天文历法的资料逐条摘抄下来，又重点研究了《史记》中的《天官书》以及《汉书》中的

《天文志》。不到一年工夫，他根据研究的心得，提出了一些独到的见解。

昭文馆的长官是位很有学问的长者，沈括的一举一动他都看在眼里。他十分喜欢这位年轻人的钻研精神，并且很欣赏沈括的独到见解。他向朝廷举荐沈括，沈括因在天文学方面的才能而受到皇帝的重视。

几年后，宋神宗指派他主持司天监的工作。司天监的主要任务是观测天象、推算历法、编订历书。当时监内情况可以说是糟糕透顶，一些骨干官员缺乏真才实学，尽是些酒囊饭袋、不学无术的庸碌之徒，他们甚至不懂得怎样用仪器观测天象。

新上任的沈括面临的任务很艰巨。他首先罢免掉六个只拿官俸不干实事的官员，起用一批认真读书、踏实做事的年轻人，并专门为他们开设技术训练班，经过分科培养后，将他们分配在监内工作。

他又大胆地破格起用盲人卫朴。卫朴是个普通人，沈括却让他修《奉元历》，这一做法引起监内外守旧派的极力反对，沈括却毫不动摇。经过整顿的司天监很快便呈现出井然有序的新气象。

沈括决心在司天监培养起一种重实践、重科学的风气。有一段时间，他为了观测北极星的实际位置，每天夜晚都要起来，一个人来到司天监，对着浑仪的窥管静静地观察。

每当这时，沈括就像飞离了纷纷扰扰的人世，来到神秘而又无限宽广的宇宙之中，开始与群星对话。浩瀚的宇宙不再那样神秘莫测，群星也不再沉默不语，沈括逐渐对它们熟悉起来，他与北极星之间的交流尤为频繁。

他先对着窥管看一阵，然后就在旁边准备好的纸上画下此刻北极星在天空中的位置。他每夜要画三张这样的图，分别记下在前半夜、半夜、后半夜三个固定的时间内北极星所在的位置。

就这样，沈括一天不差地坚持了整整三个月，前后共画了二百多张图。三个月后，他整理并研究了这些图，得出的结论是：北极星实际上不在北极，离北极还有三度多。司天监的官员们一边听着沈括介绍这一研究成果，一边看着他那布满血丝的眼睛和明显消瘦了的脸庞，心中都涌起了敬意。从此，重观测、重考察的实践精神，不畏艰苦、勇于钻研的治学态度，在司天监里蔚然成风。沈括在主持司天监工作的短短几年时间里，工作成绩显著。他提出了关于日食和月食的基本原理、月亮有盈亏等几个卓越的天文学说，改制了观象仪，写下了一些重要的天文学文章。

1076年，沈括接到宋神宗的谕旨，编制一份全国地图。当时，他担任三司使（最高财政长官）。三司衙署的公务十分繁忙，要阅读和签批很多文书，有的要及时上报给皇帝批阅，有的要下发到各地执行。沈括很善于利用时间，他每天总是在处理完案头工作之后，就打开借来的图书、地图等，一边看一边随手摘录资料，为绘制地图做准备。

1077年，沈括受劾被贬，出知宣州（治今安徽宣城）。其间，沈括继续推进地图编制事宜。

1080年，沈括知延州（治今陕西延安），加强对西夏的防御。此后，沈括换了几个地方的官职，其间曾一度驻守边疆，但他总是忘不了将地图稿随身携带，一面考察地理，一面修订地图。尽管时绘时辍，他却一直不放弃。就这样坚持了十二年，沈括终于完成了当时最准确的一套全国地图，并定名为《守令图》。

全图共有二十幅，包括大小总图各一幅和分路图十八幅。由于他参考了许多图书，采纳了丰富的历史资料，《守令图》内容翔实。因此，当他将地图呈献给朝廷时，得到了皇帝的嘉许。

沈括一生担任过许多职务，对待自己承担的工作，他有一股不达目的决不罢休的劲头，而且是精益求精。因此，无论在什么样的职位上，他都勤谨地工作，并且卓有成效，在天文历法、算学、工程技术等古代科技领域，做出了重大的贡献。

岳飞勤学苦练

岳飞，字鹏举，相州汤阴（今属河南）人。岳飞小时候家里一贫如洗，全家依赖母亲帮人家做针线活、纺纱织布赚得几文钱，糊口过日子。家境虽然贫寒，但是岳飞却热爱读书。在母亲的教诲下，他白天上山拾柴时就抓紧空余时间读书写字，晚上没有油灯，就把白天拾来的枯柴点起来照明诵读。无钱买纸、笔，他就把路边的细沙弄回家来铺平当纸，用树枝作笔，一笔一画地练习写字，写了一遍抹平又写，反反复复，从不厌倦。

岳飞很聪明，又很用功，贫穷砥砺了他的志气，学习启发了他的智慧，没过多久，他文才大进。母亲见岳飞聪敏，有种说不出的高兴，就到附近私塾里去找老师，宁可自己省吃俭用，也要给岳飞交学费。岳飞得到了学习的机会，学问进步得更快了。可是读了几年，岳飞家里实在太穷，他只得停止读书，到一个大地主家去干活。那时，尽管农活非常繁重，日子艰难困苦，但是岳飞从不放弃练武和读书。一有空闲时间，他就读书写字，有时甚至通宵不眠。他有很强的记忆力，不论什么书看了就会背。他无书不读，尤其喜欢《左氏春秋》《孙子兵法》《吴子兵法》。通过勤学苦练，岳飞终于练就了一手好文章和一手好字。

郭守敬开通"通惠河"

元至元二十八年（1291年）七月的一天，元世祖忽必烈正在上都的行宫里与朝臣们商议国家大事。

户部郎中上奏说："大都的存粮紧张，估计供应全城文武百官禄米、卫士军人粮饷和百姓四民用粮，最多只够三个月，请皇上赶快想办法！"

大都（在今北京）是元朝的都城，人口众多。城内居住的大批贵族、官吏、士卒和百姓，每年都要消耗大量的粮食，这些粮食基本上取自两浙西路（治今杭州）。当时，每年粮食需求量从定都之初的数十万石增至一百余万石，这些粮食到通州集中后就得起岸装车，从旱路运入城内。为此，要配备大量的车辆、牲畜和役夫。而到了秋季阴雨连绵的时候，土路上泥泞难行，驴马倒毙，加上役夫病亡，费用浩繁，粮食总是难以及时送进大都。

要解决这个尖锐的矛盾，至关重要的就是要解决从通州到大都这五十里的运输问题，开通运粮河，使之与北运河衔接，变陆路为水路。

十一年前，忽必烈曾发三千侍卫亲军去疏浚通州旧运粮河，结果因缺乏水源半途而废。

忽必烈听完户部郎中的报告，眉头不禁皱起，大都的供粮问题是涉及朝廷安危的命脉，因此成了他的一块心病。这时，他突然眼睛一亮，想起了郭守敬，掉头问身边的侍从："郭太史有消息吗？"

侍从马上答道："正在来上都的路上。"

劳动的力量——勤奋的印记

"噢！"忽必烈紧锁的眉头稍稍舒展了一些。

忽必烈见到郭守敬后，郑重地把大都到通州运粮河的勘察工作交给了他，要求他尽快拿出一个方案来。

此前，郭守敬就曾向忽必烈面陈过六条水利方面的建议。后来，他被任命为主管水利的官员，主持过华北一带的水利工程，参与修整了今甘肃、宁夏一带沿黄河的古灌溉渠道，很受当地人民的赞扬。因此，当开通大都到通州的运粮河的想法在忽必烈的脑海中形成时，他马上就想到了郭守敬。把这件事交给他，是再合适不过的了。

郭守敬接受了使命后，立即启程回大都，一路上，心里沉甸甸的。以他在水利方面的经验，他感觉这五十里运粮河工程很棘手。他暗自思忖：大都附近的水文、地理情况自己都熟悉，金代和本朝早些年都尝试过打通运粮河，但都失败了。打通运粮河，关键在于找到水源，将水引入旧运粮河道，这样船舶就可以直接驶入大都。大都的地形是三面环山，从西部山区逐渐向东倾斜下降。因此，水源只能在西北一带寻找。

回到大都的第二天，郭守敬不顾日夜兼程的鞍马劳顿，直奔西北部山区，进行实地勘察。

他翻山越岭，几乎跑遍了每一道山梁和每一处沟谷。一到村落，他就走访当地的老人，询问水道变迁的历史，摸清常年降水情况。

郭守敬忙碌了一个多月，水源仍未找到。他抱着一线希望来到昌平县，在县城东南的神山脚下，惊奇地发现这里有一处较大的泉水，当地人称作"白浮泉"。泉水清冽，奔突而下。郭守敬心里大喜，这是一个多月以来见到的最大的一处泉，水量很充足，此时的郭守敬禁不住欢呼起来。

勤奋成就事业 第四章

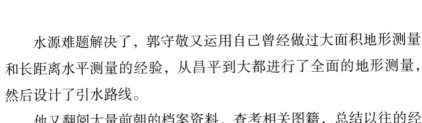

　　水源难题解决了，郭守敬又运用自己曾经做过大面积地形测量和长距离水平测量的经验，从昌平到大都进行了全面的地形测量，然后设计了引水路线。

　　他又翻阅大量前朝的档案资料，查考相关图籍，总结以往的经验教训。不久，一个经过深思熟虑，周密而完整的方案诞生了：

　　先将白浮泉水引向西，沿山麓折而向南，这样可以拦截分散的小股山泉和伏流，使水量更加充足。这些水又都是清澈的泉水，不至于携带大量泥沙，淤阻河道。将北来的水汇入瓮山泊（今昆明湖），从这里出发经高梁河，再从和义门（今西直门）北的西城墙下流进大都城，蓄在积水潭（今什刹海）。而后再从积水潭引水向南，水沿皇城东城墙注入已废弃的金代运粮闸河，一直东下流往通州。地势位差过大的地方，设置水闸、斗门（进水和放水闸门）。这样，一条新整修的河道与原有水系便可连接起来，南来的粮船就可直抵大都了。

　　郭守敬将方案写成奏章，冒着酷暑，风尘仆仆地赶到上都，忽必烈马上召见了他。忽必烈看完郭守敬的奏章，高兴地说："这件事应该赶快办起来！"

　　不久，中央重新设立了主管水利的机构——都水监，郭守敬兼职主管都水监事务。

　　治河工程开工那天，忽必烈为了表示他对工程的重视，特地下了一道命令：自丞相以下所有在京城的官员都要手持工具到工地参加劳动，人人都要听从郭守敬的指挥调度。

　　从这以后，郭守敬担任了全部工程的总指挥。他不辞辛劳，天天食宿在工地。施工现场有了问题，他总是及时解决，使工程得以保质保量地顺利进行。

　　至元三十年（1293年），一条全长一百六十余里的河道全线完

劳动的力量
——勤奋的印记

工，全部工程动员了军士、工匠和囚徒两万余人。

工程刚刚完工，忽必烈就从上都回到大都。路过积水潭时，只见潭中进进出出挤满南方来的粮船，船尾紧挨着船头，连水面都看不到多少了。眼见这样一番盛况，想到原来陆运的颠沛困顿、耗工费财从此可以避免，他心中有说不尽的喜悦。

忽必烈指着河道，高兴地说："这条河一通航，就给我们带来了很多好处，就叫它'通惠河'吧！"并让郭守敬仍以太史令原职兼管通惠河漕运事务。

通惠河的开通，促进了南货北销，繁荣了大都经济。第二年，为了表彰郭守敬在河工水利、天文历法上的巨大功绩，忽必烈委任他为昭文馆大学士。

郭守敬一生主持过许许多多工程，都获得了成功。

后人常常只看到成功的一面，成功背后的无数次失败，后人往往看不到。所以，后人总是在前人的成功中获得激励和吸引，很少在前人的失败中受到鞭策。

由失败到成功，起决定作用的精神是敬业精神。倘若没有这种精神，就永远到达不了成功的彼岸。

一幅斗牛图

一个牧童看见两头大水牛相斗，样子非常有趣，决心要把这场景画下来。可是画来画去，连画了三天都不像，他懊恼极了。这时，与他一同看过斗牛场面的王冕，走过来提起笔，三勾两勾，一幅惟妙惟肖的斗牛图便画成了。牧童不由得瞪大了眼睛，问："我

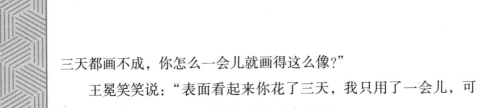

三天都画不成，你怎么一会儿就画得这么像？"

王冕笑笑说："表面看起来你花了三天，我只用了一会儿，可你哪里知道，我已经下过几十年的功夫了！"

王冕说的确实是实情。他出生在一个贫苦的农民家庭，从小喜爱读书，却没有钱上学。年仅七八岁时，他就得给财主家里放牛。

村子里有一所学堂，学生都是富人子弟。王冕每天牵着牛从学堂门口经过，一听见那琅琅的读书声，脚步便会不由自主地停下来。他把牛拴在野外吃草，自己便轻轻地走进学堂，在教室旁边听学生们读书，边听边默默地记诵。有一天，他听得入迷了，一直到傍晚才想起牛来，跑出去一看，牛已经跑得无影无踪了。父亲听说他把财主的牛丢了，又怕又气，拿起棍子狠狠地打了他一顿。

棍棒并没有打掉王冕的求知欲，他跑到一个寺庙里住下来，夜里，悄悄地走进佛殿，坐在佛像的膝盖上，借着佛前长明灯的光亮，起劲地阅读借来的旧书。他一会儿高声朗诵，一会儿低声吟咏，常常不知困倦地读到天明。佛殿里的佛像一个个青面獠牙，连大人都望而生畏，而小小年纪的王冕却一点儿也不害怕。他一心都扑在书上，早把别的事物置之度外了。

王冕的兴趣很广泛，除了酷爱读书，还喜欢绘画。一个初夏的傍晚，王冕正在湖边放牛。雨过天晴，那美丽的湖光山色将他深深地吸引住了。明丽的日光从云缝里斜射下来，照得湖面红波荡漾；湖边的山上，青一片，绿一片，如同翡翠点缀其间；湖心里支支荷箭亭亭玉立，荷叶上的水珠像珍珠似的滚来滚去，真是美丽极了。

王冕心想：要是能把这景色画下来，该有多好啊！可惜自己不会。这时他灵机一动：天下难道有学不会的事情吗？我为什么不能自己动手学画呢？

他立即向人借来了几支毛笔，把树叶捣出汁液当作绿色的颜料，研红石粉末作为红色的颜料，就坐在湖边画起画来。

他先试着画荷花，可是画来画去也画不像。他并不灰心，一张不行，再画一张，边画边仔细观察荷花，反复琢磨。久而久之，他画的荷花有点像了。经过数年的苦练，终于妙手自成，别人看他的荷花作品，就像是刚从湖里采来放在纸上的一样。

这下，王冕名声大振，人们都争着购买他的画。王冕就拿出一部分卖画的钱，买了纸笔、颜料等绘画用品，接着练习画山水、动物，画技越来越高。

到后来，王冕成为了著名的画家和诗人，他的画尤以墨梅著称，其风格技巧对后代许多画家有过深刻的影响。

牧童画斗牛图，连画了三天，还是画得不像；而王冕提笔勾画，只一会儿就画得惟妙惟肖，其奥秘何在呢？原来这"一会儿"的背后，有着王冕几十年的努力。

南村树叶辑书

陶宗仪，号南村，元末明初文学家。此人博学多识，广有著述。

元末，为避兵乱，南村先生携家眷到松江一带，以耕种薄田为生，与村民交往甚密。

在南村先生劳动的田边，有一棵枝叶繁茂的枫树，劳动之余，他常在树下歇息。此时，附近村民就都围拢过来，请他讲故事，说笑话，南村也总是有求必应。他讲各地的文物建筑、历史法令、风俗掌故，并谈诗论画，高兴了还讲几段小说、戏曲。村民听得津津有味，时而捧腹大笑，时而目瞪口呆，忘记了劳动的疲劳。南村先生看到这种情景，内心很有感触：为什么不能让更多的人听到这些讲述呢？对，把它写下来，一定要写下来，传于后世。可是，拿什么写呢？兵荒马乱，纸价昂贵，哪里有余钱去买呢？

有一天，他在树下休息，又盘算起这个不能释怀的难题。忽然一阵风起，几片树叶随风飘下。他凝视着随风飘落的枫叶。啊，红叶！唐朝不是有"红叶题诗"的佳话吗？他微笑着拍拍自己的脑袋说："这样方便的事，我怎么就没有想到呢？"他站起来，拾起几片枫叶，连忙跑回家中，取出落满尘土的笔砚，研好墨，试着在树叶上写字，果然可行。自此，他每天下田都随身携带笔墨，每想起一些有意思的传闻、资料，就立即写在树叶上。回家后，他就把写好的叶片压平、晾干，放入瓦罐。他日日如此，坚持了十年。

积累的叶片，贮满了成百个瓦罐。后经他的门生抄录、整理，编辑成三十卷书，即《南村辍耕录》。

劳动的力量
——勤奋的印记

李时珍和《本草纲目》

明朝嘉靖年间，一广有钱有势的人家的小孩得了一种怪病：爱吃灯花。延请了许多名医都治不好，家里人十分焦急。

老管家四处求医，听说民间有一名姓李的神医，手到病除。管家抱着尝试的心理，在玄妙观找到了这位神医。管家看着这位年龄三十上下的郎中，心里嘀咕：这么穷酸的年轻郎中，能是神医吗？转念一想，病急乱投医，碰碰运气吧！

这位姓李的郎中没有什么架子，待人和蔼，听说有病人要诊治，马上就起身，跟着管家去看病。

生病的小孩面黄肌瘦，不停地用小手掐取灯花往小嘴里送。

管家对郎中说："老爷最宠爱这个孙子。已经花了好多钱请名医诊治，都束手无策……"

切脉之后，郎中问身旁的丫鬟："病人还喜欢吃什么东西？"

"前些时候也爱吃生米！"丫鬟答道。

郎中马上断定，小孩爱吃灯花是因为肚子里有寄生虫，从而形成一种嗜食异物的怪癖。他便用杀虫药开了处方，小孩只服了三剂药，怪病就根除了。

这位年轻的郎中就是明朝著名的医学家、药物学家李时珍。

李时珍出生在蕲州（治今湖北蕲春）一个世代行医的家庭。祖父是一位手摇串铃，四处奔波的游方郎中。父亲李言闻曾任太医院吏目，并写过一些医学著作。李时珍从小念书，十四岁时中了秀才，后经三次乡试落榜，就绝了做官的念头，将行医作为自己的终生职业。

李时珍在行医过程中感到识药、用药是个大问题。一个医生对药物、药性不熟悉，或是一知半解，处方开得再好，也不能治好病。他还发现，许多药物学方面的书，例如《神农本草经》《本草经集注》《新修本草》《开宝本草》等，在分类上有不少错误，有的将一味药分成两种，有的将两味药混为一谈。书中记载的药物虽然有图形和解说，但是有的图形与解说不是一回事，有的有解说而无图形，有的解说是正确的，图形却绘制得不正确。抄错刻误的地方也举不胜举。

"医术再高明，处方再灵验，没有一本可靠的医药书籍作为指导，也难以治好病，弄不好还会害了病人的性命。"李时珍阅读的医书越多，这种担心就越强烈。

渐渐地，一股欲望在李时珍心里升腾起来——写一部药物品类齐全、内容翔实、图文并茂的医药学著作。

李时珍把这个大胆的想法告诉了父亲。父亲惊愕了："这谈何容易，我写那几本书，少者数千言，多者万言。你要把全国的药物都搜集齐全，一一解说，你用一辈子的功夫也难以完成。"父亲最后长叹了一声。

"困难是不小，但只要我每天不间断地干下去，总会有结果……"李时珍倔强地答道。

父亲被儿子的精神感动了，他望着儿子，点头同意了。

李时珍开始写《本草纲目》的这一年，已经三十几岁了。他以宋朝《证类本草》为底本，参照各家的本草书籍，按自己拟定的体例整理十年来搜集的笔记资料。

李时珍写了一段时间后发现，古代许多官修本草书错误百出的原因，是编纂者并没有亲眼见过许多药物，只是从书本到书本，或者凭自己的经验猜度判断。他感到，仅仅根据古人的书籍和自己行医的经验，很多问题都解决不了。例如，"远志"这味药，《本草经集注》中说它是小草，形态像麻，叶青色，开白花；而《开宝本草》中却说它像大青。两种说法到底谁是谁非，仅凭文字是很难判断的。

因此，李时珍意识到，自己必须深入出产药物的大自然中去。于是，他在搜罗、参考百家书籍的同时，常常头戴斗笠，肩负药筐，带着徒弟和儿子，到山林、田野、江湖去观察、采集药物标本，广泛搜集民间治病的土方子，与农民、渔民、猎人、樵夫、药农、果农、花匠交朋友。

他从药农那里得知萎蕤和女葳是两种毫不相同的药用植物，过去大多数医书把它们混为一谈；南星和虎掌是一种植物的两种名称，《证类本草》中把它说成是两种不同的植物。李时珍把这些亲见亲闻的知识都一一记录下来，写进《本草纲目》中。

一次，他到武当山采药，听说山上长有一种叫榔梅的仙果，山上的道士每年都要用蜜汁腌好，献给皇帝，说是吃了可以长生不老。为了研究榔梅的真实价值，他冒着被处死的危险，偷偷采了几枚，亲自品尝，才知道榔梅的药性不过是生津止渴罢了，从而揭穿了仙果的秘密。

李时珍一边行医，一边考察药物，撰写《本草纲目》。在武昌府，他治好了楚王朱英㷿儿子的气厥病，被强留在楚王府中，担任王府的奉祠正，兼管良医所的事务。《本草纲目》的编写被迫中断。

李时珍在楚王府工作了两年，因为医术高明，被楚王推荐到京城的太医院任职。他时常惦记着《本草纲目》的写作，但是行动不自由。好在太医院藏有丰富的医学典籍和许多他未曾见过的秘方，还储存着许多稀有的名贵药材，敏而好学的李时珍就整日整日地读书，分辨药材。这多少排解了无法写作引起的不安。

李时珍想：太医院有这么好的条件，如果由太医院来主持编修《本草纲目》，岂不是既快又好吗？

他向太医令谈了自己的想法，哪知太医令不但没有认真考虑，反而斥责他"擅动古人经典，狂妄之极"。其他医官则讥笑他自不量力，自讨没趣。

当时，太医院的太医都热衷于炼丹升仙。李时珍对此非常反感。他更加感到时间紧迫，就借口自己有病，回到家乡。

他拣出三年前写出的旧稿，继续编写《本草纲目》。他像从前那样，边行医，边四处考察，边写作。他多次长途旅行，足迹遍及大江南北。

《本草纲目》第一稿完成后，李时珍进行过三次修改。每次修改，他都不断完善这部书的体例，增补新的内容。当初设计纲目时，包括"释名"（解释药物名称的来源和依据）、"集解"（说明药物的产地、形态、栽培和采集方法）、"气味"（说明药物性质）、"主治"（阐述药物功用）等。后来，他亲自栽培一些药物，炮制并且临床试验，了解药物在不同情况下药性、功用的变化和适用的范围，又有了许多新的发现。因此，在修改补充的过程中，他又增加"修治"（阐述炮制方法）、"发明"（记述前人和自己使用这种药物的临床经验和药理方面的研究），有些药物还附有"辨疑"和"正误"栏，纠正过去本草著作的错误。最后还有"附方"，说明药物在临床上的实际应用。这就使《本草纲目》具有很大的临床实用价值。

一年又一年，《本草纲目》终于脱稿了。李时珍独自一人，呕心沥血，整整花了二十七年的时间才完成了这部巨著。这部书共五十二卷，收药达一千八百九十二种，全面而系统地总结了我国明朝中期以前药物学的巨大成就，具有重大的科学价值。

当时，这部医药学著作并没有引起官府的重视，书商不识货，担心印了卖不出去。李时珍也没有钱去刊印这部著作。因此，这部著作好多年都无法出版。

李时珍为了出版这部书，先后只身到武昌、南京联系刊刻之事。在南京，他一边行医，一边联系书商，辛苦了几年，没有一家书商愿意刊刻《本草纲目》，他只好回到蕲州。

又过了几年，南京一位名叫胡承龙的藏书家专程赶到蕲州，向李时珍商议刻书的事情。李时珍喜出望外，但他此时已经是年过七旬的老人。

1593年，李时珍困卧病床，还念念不忘《本草纲目》的刊刻，他多么想在有生之年看到这部书问世啊！但是，南京只是传来书快要刻成的消息。李时珍没有等到《本草纲目》出版便离开了人间。

一生的光阴，既短又长。庸人有绵绵的烦恼，至死也无法解脱；志士有赫赫的业绩，终生充满了价值。

一个人要有所作为，关键在于立志。立志之后，还须勤恳地劳作，不满足于现状，不被眼前的名利所诱惑。李时珍编撰《本草纲目》的经历，告诉了我们这个道理。

徐光启推广种植甘薯

明万历年间，上海一带连日暴雨，洪水泛滥，大水淹没了正待收割的庄稼，一些村庄也被洪水吞没了。农民们眼睁睁地看着就要到手的粮食被全部冲跑，人人心急如焚，丰收年转眼变成了荒年。洪水过后，市面上粮价猛涨，饥馑威胁着这里的人们。一些农民开始背井离乡，举家踏上逃荒的路途。

在上海县城西门外，起了一座新的坟冢。坟前小小的墓碑上工整地刻着几个字：徐公思诚之墓。离墓不远处，立着几间新盖的茅屋，茅屋四周种着水稻、蔬菜和药材。

茅屋前站着一个人，他望着络绎不绝西去的逃荒人群，心里沉甸甸的，很不是滋味。这个人就是徐光启。

徐光启的父亲刚病逝不久，那座新坟就是这位徐老先生的墓。遵照制度，徐光启停职回到家乡守丧，三年内住在墓地附近，那一排新茅屋就是他盖的。

在回家乡之前，徐光启一边在京做官，一边与来华传教士利玛窦一起，完成了《几何原本》前六卷的翻译。那时候，还没有人译

135

过国外数学著作，要把原作译得准确，可不是一件简单的事。徐光启花了一年多时间，字斟句酌，反复推敲，译完六卷。守丧之事使他被迫中断这项工作。但是，钻研科学的热情始终伴随着他。回到家乡上海，他有意买了较大的墓地，以便于在这里进行农业试验，这是他平生最喜欢做的事情。

意外的洪水灾害使徐光启受到很大震动。他不禁想起几天前的一件事。

那天，一位朋友来看望他，八岁的女儿小竹突然问道："爸爸，福建的叔叔什么时候再带甘薯来啊？"

原来，去年有位福建的朋友来看望徐光启，顺便带了些福建的甘薯来，并告诉他，甘薯有多种吃法，不论是煮熟了还是生吃，都很好吃，而且产量也比水稻、玉米等高很多。

徐光启和家里人都是第一次见到甘薯，感到很新奇。他们兴致勃勃地把两个生甘薯切片分来吃了，接着又煮了两个来吃，果然味道不错。

一向肯钻研农事的徐光启马上想到，能不能在上海试种甘薯呢？凡事都愿意试试，是他一贯的风格。于是，徐光启把最后一个甘薯种到墙下的土里，冬天怕它冻坏了，就在地上盖了稻草。徐光启还是不放心，常常伸手到稻草底下摸摸冷不冷，有人看见了，就对他开玩笑："徐先生，你这里埋的是不是珍珠呀？"

徐光启微笑着说："我这里埋的是真正的宝贝，比珍珠用处大得多！"

徐光启原以为甘薯种在土里就会长出藤来，可是春天来了，大地又绿了，这个甘薯却没有发芽、长藤，而是烂掉了。望着那个烂甘薯，他真是心疼，同时又感到后悔，后悔没有仔细问明甘薯的栽培方法。

小竹的问话引起了来访朋友的兴趣，徐光启告诉这位朋友说："福建出产一种甘薯，不怕干旱，不怕台风，随处可种，产量高出稻、麦几倍。如果发生灾荒，种下它，我想倒是一种救荒的好办法。去年有朋友送我几个，我留下一个做种，我不懂得种植方法，竟让它烂掉了，真可惜！"

"是不是风土不宜呢？上海比福建冷，也许它在福建长得好，到上海就不行了。"朋友说。

徐光启一听到"风土不宜"四个字就不痛快。他提高了嗓门说："你也讲风土不宜？你没听说葡萄、苜蓿是西域产的吗？如今中国到处都种，长得也不错。棉花是南洋传过来的，现在在松江、上海一带，不也长得枝繁花茂吗？有人说北方的芜菁种到南方要变成白菜，可是只要根据南方风土改变种法，它就不变了。这是我亲身经历过的。风土不宜？我就不信！"

朋友又说："不过，风土不宜的事还是有的。福建、广东的桂圆、荔枝，到上海就种不活。南方的橘树，种到淮河以北，不就变得和枳树一样吗？水稻在南方能高产，到北方就干死。可见风土说也不是完全没有道理的。"

徐光启笑了笑说："对，话不能说死。不过我总觉得，各地作物能互相流通的占十分之九，不能互相流通的不过十分之一。就说水稻，现在北方没人种，不见得北方种稻一律干死，将来有人在北方选择水源丰富的地方，乘夏天的温暖气候种稻，未必不能丰收。总之，宜与不宜，要经过试验才知道。"

眼前大片被淹的庄稼和逃荒的人群，使徐光启又想起几天前的这番讨论。他想，如果甘薯移植成功，遇到荒年，人们就可以靠它救灾度荒了。他心里暗下决心，一定要把甘薯移植过来。想到这儿，他转身回到茅屋，坐到书桌前，提笔给那位福建朋友写了一封信。

这年秋天，一个福建青年来到徐光启家。一进院门，就大声说道："徐先生，我给您送甘薯来了。"

徐光启闻声跨出屋门，高兴地迎上去，说道："你接到我的信了？这太好了，太好了！"

这个青年就是上次送甘薯的那个福建朋友，徐光启给他写信，谈了自己想在淞沪移植甘薯的打算，并请他帮忙。这次，他是专程送甘薯种来的。这回，徐光启把他带来的十个甘薯全部留作薯种，还详细地询问了留种的办法。

然后，徐光启亲自动手，在地势较高且干燥的墙根下挖了一个坑，坑里垫上一尺多厚的稻草，并排放上十个种薯，再堆上稻草，然后封闭坑口，不使冷空气侵入，只留一个通风小口。第二年春天，他开坑取出种薯，居然没有一个烂掉。

徐光启在事先做好的畦里用草灰和猪粪做基肥，畦上开出一行一行的沟，将种薯排在沟里，盖上泥土，悉心照料。几天以后，这些种薯生出嫩苗，很快便长出了长长的藤蔓。徐光启把藤蔓每隔四片叶剪成一段，种在一行行高高的土垄里并浇上水。

从此之后，每天早上，徐光启都要到甘薯地里看看甘薯的生长情况。有一天，他正蹲在地里观察，忽听见有人远远地叫他"先生"。抬头一看，那个福建青年又来了。徐光启忙迎上去，只见他牵着·匹马，从马背一侧解下一只小木桶，桶里装着泥土，上面长着绿绿的甘薯藤。

"徐先生，上次听说您要在上海种植甘薯，我怕您留种没经验，给您带种藤来了。这种藤是去年栽好的，现在连泥带来，您剪藤栽到地里，保证成活。"

徐光启看了，又惊又喜："啊哟！你太辛苦了。有你这样的热心人帮助，上海种甘薯一定会成功！"

"徐先生，是您的热心感动了我，我才关心这件事的。这带藤的办法不是我发明的。我的祖父说，福建有人到海外去，看到甘薯想带回，当地人不肯。有人偷偷地把薯藤绞在浸水的绳子里面，才得以带回传种。因为它来自海外，所以叫作番薯。现在我连泥带藤，比他那带法更可靠。"青年说完，得意地笑起来。

徐光启很高兴，于是便再开一块地，把这藤剪断种下。

夏天，甘薯地里长满薯藤，一片碧绿。秋天，地里挖出了大如碗口的甘薯。算算重量，比同面积的稻谷产量高几倍。

徐光启收获了甘薯，就试验各种各样的吃法：生吃、蒸熟、切片油煎、晒干、火烤、磨粉、制酒……各有各的风味。他每遇到亲戚友邻，就不断宣传甘薯的优点，让他们品尝。吃到甘薯的人，莫不满口赞美。徐光启又介绍种植甘薯的方法，劝他们试种。

春天一到，来徐家剪藤的人络绎不绝。因为求教种法的人很多，所以徐光启就把甘薯的优点和种法写成文章，供人抄录传播。他陆续补充甘薯的优点，共得十三条，称为"甘薯十三胜"。

从此之后，甘薯就在长江下游广泛种植了。遇到水、旱、台风成灾，稻麦歉收的时候，甘薯仍有一定量的收成，所以甘薯成为贫民救荒的宝贝。

在封建时代，徐光启的所作所为十分特别。

他从小读四书五经，却崇尚西方科学，主动向欧洲的传教士利玛窦求教，翻译出中国第一部西方科学著作——《几何原本》；他的官位很高，却亲自参加士大夫瞧不起的农业劳动，做农业试验，推广农作物和农业技术，写成了我国古代的农业百科全书——《农政全书》。

徐光启的一生，是求学求知的一生，他把学习当作自己终生的事业对待，至老不渝。因此，他给后人留下了宝贵的精神财富。

女诗人李因苦学成名

在我国古代，著名的女诗人犹如凤毛麟角，是屈指可数的。那些有成就的女作家，大抵都要经过一番比男子更刻苦的努力。李因是明朝后期一位苦学成名的女诗人。李因，字今生，号是庵、龛山逸史，钱塘（今属浙江杭州）人。她出身于贫寒之家，后来被光禄寺少卿葛征奇纳为妾。

在封建社会，女孩子最要紧的是学会针线活和打扮自己，至于读书写字，除了富贵人家的小姐以此来消遣解闷外，穷人家的女儿是很少学习的。再说，女孩子不能进学堂，读书就更困难了。李因从小就和别的女孩子不一样，她喜欢读书而不喜欢涂脂抹粉打扮自己。只要一有空闲，她就立刻抓紧时间读书写字，作诗绘画。

李因家里穷，买不起笔墨纸砚和灯油。为了学习，她想出许多办法来克服困难。她每天早上打扫房屋的时候，总要先在积有灰尘的桌子上练一会儿字，然后才用抹布把灰尘擦掉。秋天，柿子树的叶子发黄凋落，李因就把黄叶扫起来，一筐一筐地留着，当作写字用的纸。夏日的晚上，李因捉来许多萤火虫，把它们放在蚊帐里，依靠它们发出的亮光读书。

女子结了婚以后，往往会忙于生儿育女和繁重的家务。但李因结婚以后对学习的兴趣仍然很浓。她丈夫的官职常常变动，李因也就常常跟着他到处奔波。在旅途中，李因不论是坐在船上还是骑在驴背上，都随时随地抓紧时间读书作诗。她的诗集《竹笑轩吟草》和《续竹笑轩吟草》，所收入的260多首诗，大多数是在旅途中

劳动的力量
——勤奋的印记

写的。

李因生长在封建时代，那时候女子是没有什么社会地位的，尤其像李因这样一个家境贫寒、身为"侍妾"的人，更被人们所轻视。可是，由于李因刻苦读书，并且获得了一定成就，人们很敬佩她。

黄宗羲鸡鸣就枕

"年少鸡鸣方就枕，老人枕上待鸡鸣。转头三十余年梦（一作"事"），不道消磨只数声。"（我年轻时，读书直到鸡鸣才睡觉，老了以后，躺在床上思考问题一直到鸡叫为止。回过头一看，三十多年的时间只消磨在鸡叫声中。）

这是明末清初思想家黄宗羲写的《不寐》。这首诗真实地描写了他一生中勤学苦读的情况。

黄宗羲，字太冲，号南雷，浙江余姚人。他十七岁那年，父亲黄尊素遭奸臣陷害，被捉拿进京问罪。临别时，父亲叫他好好钻研家藏书籍，从中探求古今治乱得失之道，以便将来成就一番事业。黄宗羲听了父亲的吩咐，明确了读书的目的，从此便在家里刻苦读书。每天天还没亮他就起床读书，一直读到深更半夜鸡叫头遍时才上床睡觉。仅仅两年时间，他就把家里丰富的藏书读完了。

到了十九岁那年，黄宗羲为了除奸贼、报父仇，只身进京在皇帝面前告了一状，惩治了陷害其父亲的凶手。然后，他回到家乡，拜大儒刘宗周为师，继续刻苦读书。在老师的指导下，他深入地钻研了十三经，阅读了诸子百家、二十一史和明代的十三朝实录等书。他特别喜欢那些讲究经世致用的文章，不喜欢内容空洞的八股文。他对于天文、地理、律历、数学等，都下苦功研究。在学习中，黄宗羲除了向老师学习外，还跟同辈的青年朋友学，只要别人有一点比他强，他就虚心求教。

清军入关后，黄宗羲和当时的一些爱国人士一起进行了多年的抗清斗争。斗争失败后，他便立志著述，开始撰写《明儒学案》《明夷待访录》等书，努力保存明代的文化遗产。当时，朝廷曾多次让他出来做官，都被他谢辞了。为了写书，黄宗羲广泛地搜集资料，跑遍了许多地方，读了上万卷书，抄写了好几百万字。

黄宗羲到了八十岁高龄时，仍然夜以继日地用功读书，甚至在去世前两三天，还读了好几本书，在书上写了详细的批语。

顾炎武修改《日知录》

明末清初的思想家顾炎武拍打着他 1670 年刻印的八卷《日知录》，说："缺点太多啦！当年我怎么那样糊涂呢？读书不多就轻易写书，岂不是贻误后学吗？"于是他便着手修改《日知录》了。

从春到冬，从早到晚，他不是在读书，就是在游历，并对阅读和观察到的东西进行综合分析。遇到有学问的人，他就谦虚地提出问题，同人讨论，并把书稿拿给人看。谁指出了其中的错误，他便立刻改正。他的《日知录》是读书札记，按经义、吏治、财赋、史地等分类编写，每条长的几百字，短的几十字。每条的文字虽不多，但每个字他都严肃认真地对待，绝不轻易下笔，因此进展极慢。朋友见他天天不辍，问道："炎武，咱们快一年没见面了吧，你的《日知录》又写出几卷了呢?"

"几卷?"顾炎武摇摇头说,"别来一年,只写得十几条。"见解深刻、考证翔实的巨著《日知录》还未完成,学者们便竞相传抄,称赞说:"《日知录》是不朽的!"顾炎武自己却还不满足,他给别人写信说:"自己思量精力还不错,再过些年,总可以搞出一个定本来的。"

谈迁写《国榷》

清顺治四年(1647年),浙江海宁枣林有一位老秀才。这位老秀才姓谈,原来的名字叫以训,字仲木。为了铭记明亡的哀痛,他改名为迁,字孺木。他还为自己取了个名号——"江左遗民",表示自己永远是明朝的臣民。

这一年八月的一天夜里,谈迁很晚才入睡。当他刚刚进入梦乡,小偷就翻墙撬门进了他的房间,抱起装满书稿的箱子就逃走了。这部书稿就是《国榷》。

这部书稿是谈迁花了六年时间写成的一部明朝编年史。谈迁根据《明实录》和一百多位明朝史家的著作,经过细心的编排考订,写了改,改了再写,一连改了六次才编成。

第二天,谈迁发现自己的书稿被窃,顿时悲痛欲绝,老泪纵横,失声痛哭起来,边哭边说:"我已经老了,为什么偏偏碰上这样不幸的事情啊!"

谈迁为什么要写《国榷》这部书呢? 1621年,母亲去世了,他在家守孝。他对历史有着浓厚的兴趣,读了不少书,积累了丰富的历史知识。守孝期间，他得到一部《皇明通纪》，便仔细阅读起来，但他越读越生气，书里的记载有很多错误，见解也很肤浅。他想，这样的书不但浪费人的宝贵时间，还给人以错误的史实和观点，这样的历史书简直是在害人！

谈迁便下决心编写一部反映明朝历史的著作。他编书的主要根据是《明实录》。他发现有些实录也很不可靠，例如明太祖实录是经过三次改写的，每改一次便隐没了不少历史真相。为了求得真实可靠的历史，他便发愤通读所能借到和抄到的一百余位明朝史家的著作，将其互相比较考证，整理成一条条札记，择善而从，编成了一部可信的明史。

明朝灭亡后，谈迁受到很大震动。他认为明虽亡了，但史不能亡，于是他又根据当时的邸报（政府公报）补写了关于崇祯、弘光的内容。

书写成的消息渐渐传开。当时，有的人有钱有势，却缺少社会名望，很想出部书，流芳百世。但写书要有学问，要花很长时间，也要下苦功，这些人当然做不到。如果找谈迁买这部书稿，拿钱是买不动的，因为他是一位有志向、讲道德的耿介之士。于是，有人花钱雇了一个小偷，把书稿盗走了，谈迁的心血就这样白白浪费了。

书稿被窃，谈迁痛苦了好些日子，但是为后人留下一部信史的信念又一次激励了他："我的手不是还在吗？再从头干起！"于是他下定决心，重新写一部《国榷》。

为了保存真实的明朝历史，也为了通过历史给后人以深刻的教育，满头白发的谈迁背着包袱，跑到嘉善、归安、吴兴、钱塘等地，向那一带的著名藏书家说好话，求人情，借书抄书，又一次读遍了有关的参考书。他不顾酷暑，不畏严寒，像之前一样，又投入

《国榷》的写作中。

第二次写《国榷》时，他发现从万历到崇祯这几十年间的历史，由于朝廷内部党争厉害，各人的立场不同，同一件事有许多不同的说法，差别很大。要弄清楚这些问题，专门找书读远远不够，还需要多找人谈，特别是找身经其事的人谈，而这些人大多在北京。因此，谈迁就非到北京去不可了。

谈迁家境贫寒，即使借到路费，在北京的吃住也无法解决。他时常为这件事发愁。1653 年，义乌县的朱之锡进京做弘文院的编修，聘谈迁做他的记室，承担一些文墨工作，并约谈迁一同从运河坐船进京。谈迁喜出望外，多年的愿望终于实现了。他带着第二次完成的《国榷》初稿来到了北京，以对其作进一步的补充和考订。

在北京，谈迁住在朱家，除了处理一些文墨工作外，便全力搜集资料，访问有关人物。

他通过同乡曹溶的私人关系，认识了吴伟业、霍达。他们二人都是明朝崇祯年间的进士，又都是清朝的现任官员，亲身经历过许多事变。谈迁与他们交往，了解到许多书上没有的宝贵史料，谈迁将这些一一记录下来。在他们那里，谈迁还借到了《万历实录》和《崇祯邸报》，这些都是很宝贵的资料。谈迁还将《国榷》的初稿给他们看，请他们指出错误，以便随时补充和改正。

谈迁还用大量的时间访问明朝历史遗迹：景泰帝、崇祯帝的坟墓，金山明朝皇族墓地，香山的古寺。在北京郊区，他爬山涉水，不畏辛劳。有时迷了路，只好请放牛的小孩带路。每到一个村子休息，他就坐下来做笔记，在一块块小纸片的正反两面写满了字，把路上听到的、看到的都记下来。一堵断墙、一块残碑，他都不放过。

谈迁还到处访问明朝的贵族子孙、达官贵人、门客、市民。谈迁是个既穷又老的秀才，以这样的身份和年纪，访人问书都极不容易，不仅体力消耗大，还时常受到冷落和讥讽，所以谈迁在身体和精神上都很痛苦。

他在给朋友的一封信中诉苦说："我不善于说话，年纪又大，去拜访贵人，等候接见，往往要从早上等到中午，有时等到晚上才能见着面，简直受不了。北京气候又干燥，到处是尘土，身上脏得很。无处可去，就只有跑到住所两里外报国寺的大槐树下坐一会儿，算是休息。"为了写好《国榷》，他忍受了这些痛苦。

谈迁在北京生活了两年半，就回到了家乡。他带回去许多资料，他的历史知识更丰富了。用这些资料修改的《国榷》，质量更有保障。

谈迁逝世后，给后人留下了一笔宝贵的财产，那就是《国榷》这部书。

由于清朝统治者大兴文字狱，《国榷》一直不能公开刊印。可是，《国榷》是历史学家研究明朝历史的重要参考资料，所以一直有传抄本行世。1958 年，《国榷》这部著作才正式出版。

谈迁曾写过一首诗："往业倾颓尽，艰难涕泪余。残编催白发，犹事数行书。"这就是谈迁一生两次写《国榷》的真实写照。

自己花大量心血写出一部著作，一夜之间就只字不存，这样的打击，对于年过五十的人来说是难以承受的。一般人可能不会从头开始写《国榷》，而谈迁却毅然重新开始。为了提高《国榷》的质量，他还千里迢迢到北京，备尝辛苦，忍受达官贵人的白眼。

谈迁的一生都献给了《国榷》这部书，因为写《国榷》就是他一生的事业。

劳动的力量
——勤奋的印记

康熙勤奋学习外国科学

法国传教士张诚受法王路易十四的派遣，与一批耶稣会士来中国传教，于 1688 年到达北京，并被康熙留居宫廷供职。为了适应清朝前期社会经济迅速发展的形势，康熙特别勤奋地向张诚等人学习欧洲文字、数学、哲学、音乐等。

1690 年的一天，康熙开始向张诚学习半圆仪的性能、用途和计算方法，但双方语言文字不通给学习带来了很大的不便。于是，康熙皇帝下决心学习欧洲的文字，同时决定让张诚等人学习满文和汉文。

为了掌握几何学，康熙刻苦钻研每一条定律。在理解了欧几里得的第一定律后，他立即认真地默写一遍，基本上与张诚等人口授的一致。康熙花了不到一个月的时间，便攻下了欧几里得的所有定律。随后，他又学习巴蒂斯的《实用和理论几何学》。

康熙在学习数学时，努力克服学习中的困难，较快地学会了用对数演算乘法，并注意实际运用。有一次，他一边用对数表分析三角，一边亲自丈量一堆谷物，然后对比结果是否相符。

除此之外，康熙还向张诚学习西方音乐和欧洲哲学，详细了解哲学这门学科的用处，以及逻辑、物理、伦理三部分的实际内容。平时，他十分尊重外国人的风俗习惯，经常询问欧洲民族的礼节以及各国的政治、经济状况。

康熙皇帝在位约六十年，开博学鸿词科、明史馆，组织编纂《全唐诗》《康熙字典》等，为我国科学文化事业的发展做出了一定的贡献。

勤奋成就事业 第四章

吴敬梓饥寒写书

　　吴敬梓出身官宦世家。他父母去世时给他留下许多财产，但因吴敬梓生性豪爽、遇贫即施，没几年这些家产就施舍殆尽，他的生活陷入穷困。在他有钱的时候，不少人曾利用他、欺骗他，但等到他变穷了，那些人又都开始责骂他、嘲笑他，这使他对社会人生有了深刻的认识。他再也不愿在家乡住下去了，就移居到江宁（今江苏南京）秦淮河边。

　　吴敬梓是一位年轻有为的学者，当时的读书人都很敬重他。吴敬梓三十六岁那年，安徽巡抚赵国麟曾极力荐举他参加当时的博学鸿词科考试。吴敬梓在不得已的情况下参加了院试，但当赵国麟正式要他入京应试时，他却又推托有病。吴敬梓实在不愿做官，他认为当时以八股文取士，把知识分子的视野拘囿于四书五经和时文墨卷之中，把读书人变成了迂腐空虚、孤陋寡闻的学究，这很不可取。不少读书人"十年寒窗无人问，一举成名天下知"，但他们一旦得志成了"人上人"以后，就没命地吮吸着人民的鲜血。

　　吴敬梓是出于反庸俗、反虚伪、反势利的人生态度来反对当官的。他同情被压迫的劳动者，已经具有初步的民主思想。

　　雍正末年，他开始了《儒林外史》的写作。然而，这时的吴敬梓却很贫穷，而且常常挨饿。他不时地挑出些旧书去换米。甚至除夕之夜，还要靠朋友送斋。他已经过着"囊无一钱守，腹作千雷鸣""近闻典衣尽，灶突无烟青"的极其贫困的生活了。当他伏在桌子上写《儒林外史》中的范进穷得没米下锅这一节时，也正是他自己两天没吃东西，饿瘪了肚子的时候。切身的体会使吴敬梓描写得更真实了。

吴敬梓在冬夜冷得无法入睡，便邀集了几个好朋友，借着月光在城外绕行数十里，好友间相与应和，歌咏啸呼，直到天明才回家。吴敬梓美其名曰"暖足"。次日，他又开始潜心于鸿篇巨制。

吴敬梓就是这样在贫苦生活中用了十几年时间，完成了他的杰作《儒林外史》。穷酸迂腐的秀才、丧尽天良的举人、贪婪鄙吝的知府、不学无术的翰林，在吴敬梓的笔下都作了充分的表演。

在写作时，吴敬梓为了开阔视野，还经常出游扬州、苏州、芜湖等地。乾隆十九年（1754 年），吴敬梓病死在扬州。

曹雪芹著《红楼梦》

曹雪芹名霑，字梦阮，雪芹是他的号，他生在一个"百年望族"之家。他的先祖拥清兵入关有军功，他的曾祖母曾经当过康熙皇帝的乳母，深得康熙的信任。他家祖孙三代都世袭"江宁织造"的职衔。这职衔名义上是专管皇宫里衣物的生产和供应，实际上还负责监视江浙地区的官民，可以直接向皇帝打报告。康熙南巡，就有四次住在曹家。

曹家既是"百年望族"，又是"诗书门第"。在僮仆成群、钟鸣鼎食的环境里，曹雪芹度过了少年时代，他不仅享尽了人间的荣华，也汲取到了丰富的文学养分。曹雪芹的祖父曹寅是当时著名的藏书家，文学造诣也很高。曹雪芹在这样的家庭里，认真学习，掌握了广泛的知识。

雍正初年，曹家受朝中政治斗争牵连，大难临头。曹家的生活从此一落千丈。

告别了锦衣纨绔、饫甘餍肥的生活，曹雪芹跟着戴罪的父亲来到北方，生活渐渐陷入窘境，缺吃少穿，有时连个住的地方都没有。据说，他曾经在人家的马厩里住过很久。精神上的打击也接踵而至，过去那些登门结识他们的人，现在见了他们都躲得老远，十分亲近的亲戚也因害怕受到牵连而不再和他们来往⋯⋯

随着时间的推移、穷困的加剧，曹雪芹历尽了种种辛酸和屈辱，深察统治集团的种种丑恶内幕，目睹无数残酷的事实，这使他感慨万千，牢骚满腹。走出统治阶级的队伍，和社会下层人民的接触又使他视野扩大，思想趋向成熟。他把牢骚逐渐转变成对整个社会的不满和愤怒，埋在他心底的怒气终于像火山一样爆发了。他狂放不羁、谈笑嬉骂，矛头直指封建阶级的营垒。他吟诗作画，热嘲冷讽，公开向黑暗的社会挑战。据说，家里人怕他触怒了统治者，招来灭族之祸，把他锁在空房里，一直锁了三年。有人分析，可能就是在这段时间里，曹雪芹萌发了创作《红楼梦》的念头。他构思了这部数十万言的巨著，立志从一个封建大家庭的兴衰史着手，揭露封建社会大厦将倾的内幕，塑造贾宝玉等人的叛逆性格。

《红楼梦》的轮廓勾画出来后，曹雪芹发誓以一生的精力来写这部为大雅所不齿的"演义闲书""小说稗史"。中年以后，他的家产已全部丧失，他在城里已没有立足之地，被迫搬到郊外香山脚下。这里幽僻荒凉，山径曲斜，蓬蒿丛生。曹雪芹已陷于赤贫的状态，房子是用茅草盖的，灶是用瓦块搭成的，床是用绳子绷起来的，连个床板也没有。家里几乎没有固定收入，于是他只好靠卖画为生，和妻子、儿子长期过着"举家常食粥"的生活。他爱喝酒，没有钱只好向老板赊欠，饱受穷苦煎熬的曹雪芹使偶尔来访的朋友个个心酸落泪。但是，曹雪芹没有向贫困低头，就是在饥寒交迫、朝不虑夕的情况下，他仍然夜以继日地挥笔写书。家里四壁空空，常常连买纸的钱也没有，他只好把旧年的皇历拆开，把一些旧书页订成本子，在背面写。辛劳一天，有时家里无米下锅，小孩、妻子啼饥号寒，穷愁无路。一般人看来，在这样的生活状况下，还有什么闲情逸趣去写一部为人笑骂的"盲词小说"？曹雪芹真是"疯子""傻子"。可是，曹雪芹对这些全然不顾，生活的煎熬、内心的痛苦激励着他如痴如狂地写下去。"满纸荒唐言，一把辛酸泪！都云作者痴，谁解其中味？"就是他写书时思想感情的真实写照。

曹雪芹荒村著书，不仅遇到了生活上的困难，也遭受了巨大的精神压力。他的封建大家庭的族人和亲戚，听说曹雪芹要写一本揭露他们腐朽生活的书，认为这是在故意糟蹋他们，因而对他充满了疑忌和愤怒，而且当时的封建统治者也绝不允许他写这样的书。

旧势力的高压，"蓬牖茅椽，绳床瓦灶"的赤贫生活，不仅没有使曹雪芹颓废畏惧，反而使他在叛逆的道路上越走越远。清朝的宫廷里设有皇家画院，有人向画院推荐曹雪芹，可曹雪芹断然谢绝了。曹雪芹含辛茹苦地奋斗了十年，才完成了这一浩繁巨著。写完初稿后，他又严肃地对书稿进行了五次大的修改，对书中的每一回、每一段、每一句、每一字都进行了认真思考，反复推敲。可以说，这部伟大的现实主义文学作品，是他和着心血和眼泪写成的。

穷苦激励了曹雪芹的精神，却摧残了他的身躯。1763 年，曹雪芹唯一的儿子染上了豆疹，因无钱医治而亡故。曹雪芹悲痛万分，据说，他每天都要到儿子的坟上去瞻顾徘徊，伤心流泪，不久就得病卧床。除夕这天晚上，他满怀悲愤地离开了人世，只留下了孤苦伶仃的妻子和他的名著《红楼梦》。

《红楼梦》结构宏伟、内容丰富，通过史、王、薛、贾四大家

勤奋成就事业

第四章

族的兴衰史，形象地揭露了封建家族的腐朽，可以说是中国封建制度濒于崩溃和必然灭亡的一面镜子。全篇情节曲折、事件纷繁，语言生动形象、准确简练，是我国古典小说中思想性最强、艺术性最高的杰作之一。它以强大的表现力，描写了几百个人物，塑造了众多艺术典型。主要人物贾宝玉、林黛玉等固然写得血肉丰满，但即使是那些勾勒几笔的奴婢，也无不栩栩如生、活灵活现。全书把那么多人物和那么复杂的事件融于一体，各个人物的阶级属性、禀赋习惯、性格心理，自然贴切，独具匠心，这在世界文学史上也是罕见的。它一问世就受到了人们的喜爱，王公贵人、黎民百姓争相阅读。乾隆年间，这部书的抄本卖到十两银子的高价，当时流行一句话："开谈不说《红楼梦》，纵读诗书也枉然。"人们评论说，18 世纪，我国有两大文学奇迹：一是《红楼梦》，二是《儒林外史》。曹雪芹的名字，很快在世界上和莎士比亚、巴尔扎克、托尔斯泰等最优秀的文学家并列在一起。

劳动的力量
——勤奋的印记